Arduino

Altair dos Santos
Sylvio Ribeiro

Arduino
do básico à internet das coisas

BRASPORT

Rio de Janeiro
2023

Editor: Sergio Martins de Oliveira
Gerente de Produção Editorial: Marina dos Anjos Martins de Oliveira
Editoração Eletrônica: Abreu's System
Capa: Use Design

DADOS INTERNACIONAIS DE CATALOGAÇÃO NA PUBLICAÇÃO (CIP)

S237a Santos, Altair dos.
Arduino : do básico à internet das coisas / Altair dos Santos, Sylvio Ribeiro.
– Rio de Janeiro: Brasport, 2023.
192 p. : il ; 17 x 24 cm.

Inclui bibliografia.
ISBN 978-85-7452-965-3

1. Internet das coisas. 2. Internet. 3. Informática. I. Ribeiro, Sylvio.
II. Título.

CDU 004.735.8

Catalogação na fonte: Bruna Heller (CRB10/2348)

Índice para catálogo sistemático:
1. Internet 004.735.8

BRASPORT Livros e Multimídia Ltda.
Rua Washington Luís, 9, sobreloja – Centro
20230-900 Rio de Janeiro-RJ
Tel./Fax: (21)2568.1415
e-mails: marketing@brasport.com.br
vendas@brasport.com.br
editorial@brasport.com.br
www.brasport.com.br

Aos meus pais, Seu Santos e Dona Dorinha (in memoriam).
Sem eles nada seria.
Altair dos Santos

Às mulheres incríveis da minha vida: minha mãe Wilma,
minha esposa Cirlene e minha filha Pamella.
Sylvio Ribeiro

Prefácio

Caro leitor,

acredito que compartilhe de um desejo forte que me persegue desde os meus primeiros contatos com eletrônica: a vontade de construir um sistema que possa ser controlado por meio de uma programação que eu mesmo tenha idealizado. Esse sistema pode variar desde um pedal para uma guitarra com algoritmo inteligente de processamento de áudio, passando por robôs, casas inteligentes, entre outros. Para tanto, conectar diferentes microcontroladores com diversas linguagens de programação para software embarcado e com diversas interfaces para atuadores e sensores sempre foi uma tarefa árdua, porém prazerosa, devido à escassez de plataformas de desenvolvimento unificadoras. Isso mudou bastante com o surgimento da plataforma de desenvolvimento Arduino. Essa plataforma permite fácil implementação e o desenvolvimento de protótipos funcionais em um tempo significativamente reduzido quando comparado com as plataformas anteriores. A a experiência de longos anos dos autores no ensino de eletrônica, e, em particular, na utilização da plataforma Arduino, faz deste livro uma excelente fonte inspiradora para quem se interessa por automação, desde técnicos e engenheiros a hobbistas e curiosos sobre o tema.

No campo profissional, os autores se sobressaem pelo refinado conhecimento teórico e prático de eletrônica e no ensino e desenvolvimento de alunos, em particular por meio de diversas feiras de ciências e competições dentro e fora do país. No campo pessoal, destacam-se pelo seu envolvimento com os alunos dentro e fora de sala de aula. Destacam-se também por saber conciliar a responsabilidade profissional com a vida pessoal e por ser uma fonte de inspiração para diversos jovens que podem testemunhar ser possível conciliar prazer com eletrônica, matemática e engenharia. Já dizia Fernando Pessoa: "...sou um técnico, mas tenho técnica só dentro da técnica. Fora disso sou doido, com todo o direito a sê-lo. Com todo o direito a sê-lo, ouviram?"

O meu interesse por matemática e engenharia teve início em cursos técnicos e particulares de eletrônica, onde vi a curva de um diodo pela primeira vez, numa época em que eu não sabia interpretar um gráfico! Entretanto, sempre quis construir invenções com eletrônica e tinha curiosidade em ver como os dispositivos funcionavam. Nas feiras de ciência do colégio, sempre busquei colocar algum elemento de eletrônica nas minhas montagens. Esse relato tem o objetivo de deixar claro que foi por meio da eletrônica e de feiras de ciência, onde os autores possuem atividade intensa e de qualidade, que eu iniciei minha vida acadêmica, onde iniciei meu contato com matemática e a engenharia.

Tenho certeza de que este livro, além da qualidade técnica, motivará o início da carreira de muitos jovens. Que esse seja o início de grandes prazeres envolvendo o mundo da automação.

Alessandro Jacoud Peixoto
Professor Associado do Departamento de Engenharia Eletrônica e de Computação (DEL/Poli/UFRJ) da UFRJ e professor do Programa de Engenharia Elétrica (PEE/COPPE)

Sumário

Introdução 1

1. Apresentando o Arduino 3
O que é Arduino? 3
Alimentação de funcionamento 3
Pinagem do Arduino Uno 4
Instalando a IDE 5

2. Meu primeiro *sketch* 8
Acionamento de saídas digitais 8
Função *void setup* 8
Função *void loop* 9
Programa completo 10
Carregando o programa no Arduino 10
Ih! Não funcionou! 11
Criando variáveis 13
A diretiva #define 14

3. Entradas digitais 15
Algoritmo 15
Resistor *pull-down* e *pull-up* 16
Programa 1: acionando uma saída através de uma chave de toque 17
Programa completo 18
Estrutura condicional se (*if*) 18
Programa 2: piscando o LED com a condicional *if* 19
Programa completo 19
Condicional senão (*else*) 20

4. Monitor serial e operadores 22
Monitor serial 22
Arduino recebendo dados via monitor serial 23

Operadores aritméticos 24
Operadores relacionais 25
Operadores lógicos 26
Vamos praticar... 26
Programa completo 28

5. Entradas analógicas 29
Introdução 29
Vamos praticar... 30
Projeto 1: teste da entrada analógica 30
Programa completo 31
Projeto 2: sensor de luminosidade com LDR 31
Ih! Não funcionou! 33
Projeto 3: sensor de temperatura com LM35 33
O programa 34
Programa completo 35
Função *map* 35
Programa completo 36

6. Saídas "analógicas" (PWM) 37
Introdução 37
PWM no Arduino 38
Laço de repetição *while* 39
Laço de repetição *for* 40
Programa completo *while* 40
Programa completo *for* 41
Projeto *Dimmer* 41
Programa completo 42

7. *Display* de 7 segmentos 43
O programa 44
Estrutura de controle: *switch...case* 45
Vamos praticar... 46
Programa completo 48

8. *Display* LCD 51
Código ASCII 51
Display LCD 51
Bibliotecas 52
Orientando objetos 53
Programando o Arduino para o LCD 54
Vamos praticar... 55

Instruções para o LCD 55
Programa completo 56
Módulo I²C para o *display* LCD 57
O hardware 59
Programa completo 60

9. Sensor de ultrassom 61
Introdução 61
Sensor HR-S04 62
Vamos praticar... 64
Programa completo 65
Ih! Não funcionou! 65

10. Ponte H 66
Introdução 66
O que é a ponte H? 66
Módulo ponte H 68
O programa 69
Programa completo 70

11. Sensor de palmas 73
Lista de material 73
Sensor de som KY-038 73
Esquema do projeto 74
Função *toggle* 76
Programa completo 76
Ih! Não funcionou! 77

12. RFID: identificador de rádio frequência 78
O que é RFID 78
Lista de material 79
O módulo RFID MFRC522 79
Comunicação SPI 79
Ligação do módulo com o Arduino 80
Array 81
Software para ler os códigos 82
Programa completo 84
Software para ativar uma carga 85
Programa completo 87
Ih! Não funcionou! 88

13. Teclado matricial 89
Lista de material 90
Programa para testar o teclado 91
Programa completo 93
Senha eletrônica 94
Programa completo 97
Ih! Não funcionou! 99

14. RTC (*Real Time Clock*) 100
Diferença entre os módulos DS1307 e DS3231 100
Funções 101
Transferindo uma variável do programa principal para uma função 103
Transferindo uma variável de uma função para o programa principal 103
A biblioteca RTClib 104
O projeto 106
O programa 107
Programa completo 116
Ih! Não funcionou! 120
Utilizando a EEPROM 120

15. Comunicação através de *bluetooth* 123
O que é internet das coisas 123
O que é *bluetooth* 124
O módulo HC-05 125
A biblioteca software serial 126
O hardware 127
O programa 128
Programa completo 129
Configurando o Serial Bluetooth no celular 129

16. Comunicação com a nuvem 132
O que são nuvens 132
A placa WEMOS d1 Mini 132
Instalação da biblioteca ESP8266 134
Comandos da biblioteca ESP8266 135
A nuvem dweet.io 136
Lista de componentes 137
Enviando a temperatura ambiente para a nuvem 137
Programa completo 139
Acessando através da página do dweet.io 139
Ih! Não funcionou! 140
Enviando a informação de mais de um sensor 140
Programa completo 142

17. A nuvem Firebase 144
Abrindo uma conta no Firebase 144
A biblioteca Firebase ESP8266.h 151
Teste de envio de mensagem 152
Programa completo 153
Enviando uma temperatura para a nuvem 154
Programa completo 156
Acionando uma carga através do Firebase 156
Hardware 157
Software 157
Programa completo 159
Teste do projeto 160
Ih! Não funcionou! 161

18. Comunicação com o MQTT 162
O que é o protocolo MQTT 162
A biblioteca PubSubclient 163
Funções da biblioteca PubSubClient 164
Enviando uma mensagem para o MQTT 165
O programa 165
Programa completo 167
Como monitorar as mensagens pelo PC 167
Utilizando o MQTTBox 167
Utilizando o MQTT Dash no celular 169
Enviando a temperatura local para o MQTT 171
Programa completo 173
Configurando o MQTT Dash 174
Ligando e desligando uma carga com o MQTT 175
Ponteiros 176
Software 177
Programa completo 179
Outra configuração para o MQTT Dash 180
A biblioteca WiFiManager 184
Programa completo 185
Ih! Não funcionou! 187

Conclusão 189

Referências bibliográficas 191

Introdução

Podemos dizer que viemos da "old school" da eletrônica. Quando começamos a trabalhar nessa área, as últimas televisões a válvula ainda eram vistas, ainda que raramente, em alguns locais. O transistor imperava e os circuitos digitais davam os seus primeiros passos. Nem se sonhava em que algo parecido com uma placa Arduino pudesse existir num futuro próximo.

E foi justamente nessa área de equipamentos domésticos que iniciamos a nossa carreira. E lá se vão mais de 30 anos. Primeiro como alunos, depois como técnicos e finalmente como professores. Dentro dessa última área, o destino proporcionou nos encontrarmos pelas escolas da vida e fazermos amigos. Dentre tantas conversas trocadas, decidimos montar um curso. Foi então que nasceu o Curso ALTSYN (ALT de Altair e SYN de Sylvio Nascimento). E qual foi a nossa motivação para tal? Muitas... mas, de tantas, podemos destacar dois problemas, em especial, que notamos em todos esses anos de profissionais de eletrônica e que nos incomodam muito até hoje e que não gostaríamos de replicar...

O primeiro problema refere-se a se ter prática sem teoria. Essa dificuldade observamos desde a época em que éramos técnicos e trabalhávamos em manutenção de equipamentos domésticos. Víamos muito técnicos que "decoravam" o defeito dos equipamentos, porém, se aparecia um outro problema, mesmo que fosse fácil de solucionar, faltava-lhes a teoria para raciocinar sobre o que podia estar acontecendo. Esse problema atravessou gerações e chegou até o Arduino, tema deste livro. Começamos a observar, já como professores do Ensino Médio, em alguns trabalhos de TCC que analisávamos, que a prática em geral estava ótima: sensores sendo medidos com precisão, ativação de cargas e até comunicação com outros dispositivos via *wi-fi*. Porém, tudo baixado e copiado da internet, feito por outra pessoa. Se tivessem que mudar uma linha do programa, não conseguiam. E isso acabava limitando a criatividade dos alunos.

O segundo problema vem do tempo em que já éramos professores: a teoria sem a prática. Passamos por algumas escolas que prometiam um curso técnico sem ao menos ter um laboratório.

Por isso, quando decidimos montar um curso, a premissa deveria ser que toda aula fosse teórica, seguida imediatamente de uma prática. Chegamos à conclusão de que, em uma escola, teoria e prática devem andar lado a lado. São duas coisas indissociáveis. Escrevemos todas as apostilas partindo dessa ideia. E ali estava o cerne desse livro que está em suas mãos agora.

Para facilitar e agilizar a escrita desta obra, decidimos dividir as tarefas: cada um ficou responsável por metade do livro e, após isso, um corrigia a parte do outro, até chegarmos ao resultado final. Para desenhar os circuitos utilizamos o software Fritzing, uma plataforma gratuita para desenhos de esquemas de circuitos eletrônicos.

A ideia do livro é que o leitor adquira mais conhecimento, tanto da teoria quanto da prática, de uma placa Arduino. De um modo geral, o dividimos da seguinte maneira: os seis primeiros capítulos se dedicam a explorar o básico, as entradas e saídas digitais e analógicas e apresentar alguns sensores. Os capítulos 7 e 8 falam sobre os dois tipos de *display* mais comuns para se trabalhar com a plataforma: 7 segmentos e LCD. Dos capítulos 9 ao 14 nos aprofundamos em diversos tipos de sensores e atuadores e, o mais importante, como trabalhar com as suas bibliotecas. A partir do capítulo 15 entramos com a tecnologia IoT (Internet das Coisas), onde explicamos a tecnologia *bluetooth* e a comunicação com nuvens HTTP e *brokers* utilizando o protocolo MQTT, possibilitando ativar cargas e enviar mensagens e dados via *wi-fi* utilizando a placa Wemos. Em todos os capítulos, como já foi falado anteriormente, teoria e prática andam sempre juntas: primeiro discorremos a explicação teórica e logo depois apresentamos uma aplicação prática.

Esperamos que, com este livro, você, leitor, técnico, engenheiro ou hobbista, possa se aprofundar cada vez mais no mundo da automação e aplicar a fundo todo o conhecimento adquirido nesta obra. Boa leitura e boas práticas!

Altair dos Santos
Sylvio Ribeiro

1
Apresentando o Arduino

O que é Arduino?

É uma plataforma computacional programável (hardware), muito utilizada para prototipagem, criada em 2005 com o objetivo de ser um dispositivo barato, fácil de programar e acessível a todos. Possui hardware livre (*open source*), ou seja, podemos personalizar, melhorar ou modificá-lo (ARDUINOCC, s.d.).

Para criar programas (software) para o Arduino, é disponibilizado gratuitamente um ambiente de desenvolvimento integrado (IDE – *Integrated Development Environment*).

Figura 1: Arduino Uno

Alimentação de funcionamento

A alimentação do Arduino Uno (Figura 1) pode ser feita de duas maneiras: através do conector Jack P4 ou do conector USB tipo B.

Caso você alimente pelo Jack, é aconselhável uma fonte de tensão contínua entre 7V e 12V, sendo o positivo no pino central (Figura 2).

Figura 2: Simbologia Jack P4

O Arduino tem um regulador interno que vai transformar a tensão de entrada para 5V, tensão com a qual o microcontrolador trabalha internamente. Mais que 12V pode causar um aquecimento muito alto no regulador, colocando-o em risco, e menos de 7V não é o aconselhável para o circuito regular a tensão para 5V.

O pino VIN está ligado diretamente no conector Jack. Por exemplo, ao alimentar 9V pelo conector Jack, o pino VIN será igual a 9V. Esse pino também poderá servir como entrada de tensão, caso se deseje alimentar o Arduino com uma bateria, se necessário.

Caso alimente pelo USB, a tensão não passa pelo regulador e alimenta diretamente o circuito.

O cérebro principal do Arduino Uno é o microcontrolador ATMEGA328, que, nesta placa, trabalha com um *clock* de velocidade de 16 MHz.

A Tabela 1 mostra as principais características do Arduino Uno.

Tabela 1: Características do Arduino Uno.
Fonte: Arduinocc (s.d.)

Microcontrolador	ATMEGA328
Portas digitais (I/O)	14
Portas de entrada analógica	6
Portas PWM	6
Memória	32kB
Clock	16 MHz
Corrente máxima I/O	40 mA
Tensão de operação	5 Vcc

Pinagem do Arduino Uno

Entradas e saídas digitais (I/O): os pinos 0 ao 13 são projetados para trabalhar com sensores digitais na entrada ou para ligar ou desligar uma carga na saída (atuadores).

Sistemas digitais são controles discretos, ou seja, possuem apenas dois estados, nível lógico 0 ou nível lógico 1 – no caso do Arduino Uno, o nível 1 (*high*) = 5V, e o nível 0 (*low*) = 0V (GND).

Se puder, evite utilizar os pinos 0 e 1 que foram projetados para fazer comunicação serial com outros equipamentos.

Os pinos 0 a 13 são padronizados inicialmente como modo entrada (INPUT).

Entradas analógicas: os pinos A0 ao A5 são as entradas analógicas, mas também podem ser utilizados como I/O digital, se configurados dessa forma. As entradas analógicas utilizam sensores que possuem vários valores de uma grandeza. Um bom exemplo são os sensores de temperatura, pois informam o valor de uma escala, por exemplo, Celsius, e não somente se está quente ou frio.

Saídas "analógicas" (PWM): saídas utilizadas para simular uma tensão analógica na saída, para o caso de o projetista, no lugar de querer somente ligar ou desligar algo, querer variar analogicamente a sua potência.

Linhas de alimentação: o Arduino UNO possui linhas de 5V, 3.3V (corrente máxima de 50mA) e GND para alimentar circuitos externos que serão ligados a ele.

Instalando a IDE

Na realidade, a única linguagem que o computador entende é a linguagem de máquina (0 e 1).

A linguagem mais próxima da linguagem do computador é a *assembly*.

Outras linguagens de mais alto nível são utilizadas para a programação, porém necessita-se de um compilador para traduzi-la para a máquina. Quando falamos em linguagem de alto nível, quer dizer a linguagem mais próxima do homem.

O IDE utiliza a linguagem *Wiring*, que é uma versão otimizada da linguagem C/C++, adaptada para o Arduino.

Download do programa em: <https://www.arduino.cc/en/software>.

A IDE está disponibilizada em diversos sistemas operacionais (OS): Windows, Linux, Mac e Chromebook. A IDE 1.8.19 é a versão mais atual (2022), porém, mesmo assim, são disponibilizadas as versões anteriores. Todos os exemplos contidos neste livro são no sistema Windows. O passo a passo da instalação da IDE é baseado no Windows 7.

Primeiro passo: a IDE 1.8.19 tem a opção de *download* de um executável, para instalação do programa, ou uma pasta compactada (ZIP), sem ter a necessidade de instalação. Ao escolher a opção de *download*, se abrirá uma nova tela com opção de baixar o executável ou de baixá-lo fazendo uma doação para os desenvolvedores do sistema (Figura 3).

Figura 3: Imagem do site arduino.cc

Segundo passo: ao término do *download*, fazer a instalação do programa, caso seja o executável, ou descompactar a pasta, de preferência, na área de trabalho. Pronto!

Agora é só clicar no ícone do Arduino (Figura 4) para inicializar o programa IDE.

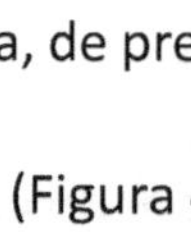

Figura 4 : Ícone

Na Figura 5, apresentamos a barra de ferramentas da IDE.

1. **Verificar:** faz a compilação do programa e verifica erros de sintaxe.
2. **Carregar:** faz a verificação e carrega o programa no Arduino.

3. **Novo:** abre um novo programa.
4. **Abrir:** abre um programa salvo ou algum programa exemplo, como 01.basics – blink.
5. **Salvar:** para salvar o programa atual.
6. **Monitor serial:** abre a comunicação serial do computador com o Arduino.

Figura 5: Barra de ferramentas

Ao longo dos capítulos iremos detalhar algumas ferramentas da IDE.

2
Meu primeiro *sketch*

Acionamento de saídas digitais

O primeiro programa que iremos fazer será piscar um LED, ou seja, escrever em uma saída digital, nível lógico 1 e o nível lógico 0.

A IDE do Arduino, por padrão, tem dois blocos de funções: *void setup* e *void loop*.

Função *void setup*

No *void Setup* são configuradas as inicializações do Arduino.

Quem será a entrada? Quem será a saída? Se eu for me comunicar com outro dispositivo, qual será a velocidade dessa comunicação? Todos esses parâmetros são configurados aqui.

Esta função só acontece uma vez a cada inicialização do programa.

No caso do nosso projeto, nós iremos configurar quais dos pinos, de 0 a 13, serão entradas ou saídas.

A instrução para isso se escreve da seguinte maneira:

```
pinMode (PINO, MODO);
```

PINO: o número do pino que você quer configurar, por exemplo, 13, A1...
MODO: se o pino é saída (OUTPUT) ou entrada (INPUT).

Exemplo 1:

```
void setup( ) {
pinMode (13, OUTPUT);
}
```

Note que, para fechar a instrução, coloca-se um ponto e vírgula no final desta.

No exemplo 1, estamos configurando o pino 13 do Arduino como saída digital.

No Arduino Uno existe um LED ligado no pino 13 (LED_BUILTIN), sendo assim, nesse projeto não precisaremos de nenhum componente externo ligado neste. Outra maneira de declarar essa mesma instrução seria:

```
pinMode (LED_BUILTIN, OUTPUT);
```

Função *void loop*

O *void loop* é o espaço onde ficará o que vai rodar no programa. "Rodar" significa que ele vai cumprir todas as instruções e quando acabar vai voltar e fazer tudo de novo (*looping* infinito).

O programa principal deve ser então escrito dentro das chaves do *void loop* para que fique "rodando" sempre.

```
void loop ( ) {
instruções;
}
```

Instrução para escrever nível alto ou nível baixo em uma saída digital:

```
digitalWrite (PINO, MODO);
```

PINO: o número do pino que você quer escrever, por exemplo, 13, A1...
MODO: se o nível é alto (HIGH) ou nível baixo (LOW).

Exemplo 2:

```
digitalWrite (13, HIGH);
digitalWrite ( 13, LOW);
```

Porém, o nosso projeto inicial é fazer o LED piscar, então não podemos escrever na saída para ligar e em seguida desligá-lo. Como o microcontrolador tem um ciclo de trabalho muito rápido, teremos que ligar o LED, dar um tempo de 1 segundo, desligá-lo e repetir novamente a pausa. Dessa forma, visualizaremos o piscar do LED.

Instrução de tempo:

```
delay (1000);
```

Esta instrução fará com que o programa fique 1000 milissegundos (1 segundo) parado. A instrução *delay* é sempre em milissegundos.

Programa completo

Já podemos então escrever um programa completo para fazer piscar um LED.

Para fazer um comentário de uma linha utilize o símbolo // no início deste. Caso ocupe várias linhas utilize /* no início e */ no final. O comentário serve para orientar o programador sobre as instruções do programa. É opcional, porém indicado que sempre o utilize, pois informa a função de cada instrução do programa. O comentário não ocupa espaço de memória.

```
// bloco de função de configuração inicial
void setup ( ) {
pinMode (13, OUTPUT) ; //configura o pino 13 como saída
} //fim setup

// bloco de função principal
void loop ( ) {
digitalWrite ( 13, HIGH) ; // escreve na saída do pino 13 nível alto (5V)
delay (1000) ; //espera 1 segundo
digitalWrite ( 13, LOW) ; // escreve na saída do pino 13 nível baixo (0V)
delay (500) ; //espera 0,5 segundo
} //Fim loop
```

Carregando o programa no Arduino

Podemos apenas verificar o programa clicando no ícone *verificar*. A IDE compilará o programa, ou seja, transformará o programa para a linguagem de máquina do microprocessador, verificando se está tudo certo. Caso haja algum erro de escrita (sintaxe) no programa, o compilador apontará a linha onde ocorreu. Antes de inicializar o processo de compilação, abrirá uma caixa de diálogo para salvar o programa. Ao término da compilação será informada a quantidade de memória ocupada por este.

Após isso, plugue o Arduino em uma porta USB do seu computador, selecione: Ferramentas → Placas → Arduino Uno (Figura 6), para a escolha do Arduino Uno, depois em Ferramentas → Porta → e selecione a porta (COM) na qual o Arduino está conectado. Agora é só clicar no ícone *carregar*!

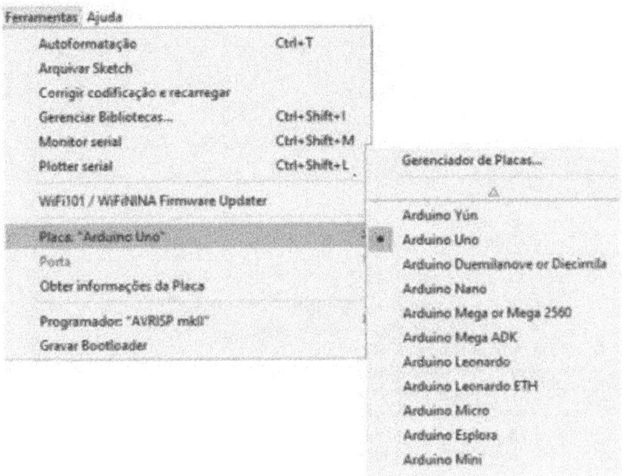

Figura 6: Gerenciamento de placa

Ih! Não funcionou!

Problemas de compilação

A linguagem C é *case-sensitive*, ou seja, há diferença entre letras maiúsculas e minúsculas. Verifique se tem diferença de escrita no programa.

A linguagem *Wiring* criada para o Arduino possui instruções com letras maiúsculas e minúsculas, por exemplo, algumas constantes são escritas em caixa alta (maiúsculas): HIGH, LOW, INPUT, OUTPUT, LED_BUILTIN, INPUT_PULLUP, e algumas funções têm uma letra maiúscula para dividir a palavra, por exemplo, pinMode ( ), digitalWrite ( )...

Verifique também se esqueceu do ";" (ponto e vírgula) no final de cada instrução e de fechar os parênteses "( )" e as chaves "{ }".

Todos esses erros citados são considerados erros de sintaxe, e a IDE do Arduino informa. Mas atenção: erro de lógica não é informado!

Problemas de carregamento

Pode ser também que você não possua o *driver* CH340g para a comunicação USB do Arduino com o computador. Neste caso, você deve baixá-lo na internet. Após isso, vá no Gerenciador de Dispositivos → Portas (COM e LPT) → e atualize o *driver* do dispositivo (Figura 7).

Antes de carregar o programa, verifique se está utilizando a porta COM correta. Na Figura 8 está sendo usada a COM3 do computador (Isso vai depender da porta USB utilizada).

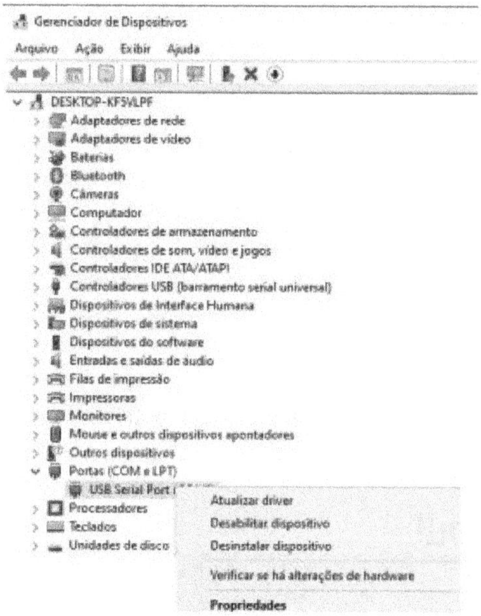

Figura 7: Instalação do *driver*

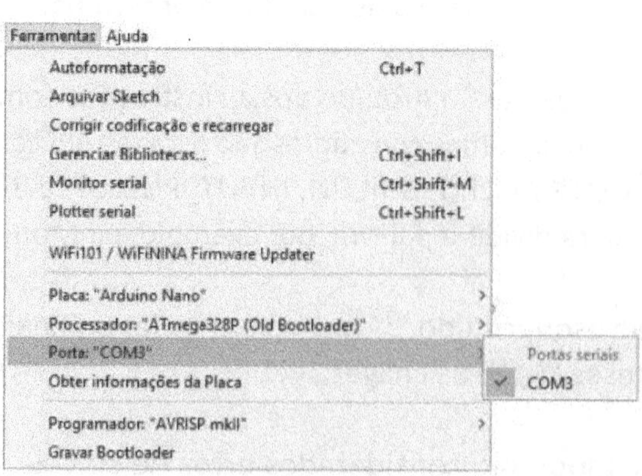

Figura 8: Porta serial

Criando variáveis

A variável é um lugar na memória principal que armazena um dado e tem um nome associado. Quando se define um tipo de variável, informamos ao computador quanto de memória será necessária para armazenar esse dado e que tipos de operações poderão ser realizados com este.

Para se declarar uma variável, usamos a seguinte sintaxe:
< tipo> nome_da_variavel ;

O nome de uma variável deve obedecer a algumas regras:

- O primeiro caractere pode ser uma letra (maiúscula ou minúscula) ou o caractere sublinha.
- Os demais caracteres, letras, algarismos ou o caractere sublinha.

Existem certos nomes que não poderão ser usados como nome de variável: são as chamadas palavras reservadas (palavras-chave), e são de uso restrito da linguagem C (por exemplo, IF, GOTO, WHILE etc.).

Na Tabela 2, são apresentados alguns tipos de variáveis, seus espaços ocupados na memória e seus intervalos numéricos:

Tabela 2: Tipos de variáveis.
Fonte: Arduinocc (s.d.)

Tipos	Espaço na memória	Intervalo numérico
bool ou boolean	8 *bits* = 1 *byte*	0 a 1 (*false* ou *true*)
byte	8 *bits*	0 a 255
int	16 *bits* = 2 *bytes*	- 32.768 a 32.767
word	16 *bits*	0 a 65.535
long	32 *bits* = 4 *byte*	- 2.147.483.648 a 2.147.483.647
unsigned long	32 *bits*	0 a 4.294.967.295
float	32 *bits*	Número com casas decimais
char	8 *bits*	Caractere da tabela ASCII
string	8 *bits*	Sequência de caracteres

Existem duas formas de declarar uma variável:

- **Variável global**, declarada fora dos blocos de funções e vale para todos os blocos de funções.

- **Variável local**, declarada dentro de um bloco de função e vale somente para o bloco que foi declarado.

Exemplos de declaração de variável:

```
int numero = 0;
//declarei uma variável do tipo inteiro com nome numero e atribuí 0.
bool chave = false;
// declarei uma variável do tipo booleana com nome chave e atribuí falso.
float num = 8.1
// declarei uma variável do tipo ponto flutuante com nome num e atribuí 8.1.
char letra = 'A';
// declarei uma variável do tipo caractere com nome letra e atribuí A.
String frase = "Hello World";
/*declarei uma variável de um conjunto de caractere com nome frase e
atribui o conjunto Hello World. Cada caractere ocupa 1 byte de memória*/
```

A diretiva #define

Um artifício que se utiliza muito para que o programa fique mais inteligível é a diretiva #define. Com ela você pode associar não só um número, mas uma instrução a um nome qualquer ou criar uma constante.

Exemplo:

```
#define LED 13
//definiu uma constante com nome LED com o valor igual a 13.
#define tempo 1000
//definiu uma constante com nome tempo com valor igual a 1000.
#define desliga LOW
//definiu o nome desliga para LOW
```

Obs.: Na diretiva #define não se usa o ponto e vírgula (;) no final.

A dica é: sempre que declarar uma variável ou definir uma constante, utilizar letras minúsculas para não se confundir durante o programa e dar a chance de apresentar possíveis erros de compilação.

3
Entradas digitais

Algoritmo

Dá-se o nome de algoritmo a um conjunto de instruções ordenadas de modo a executar uma tarefa para gerar solução para um determinado problema proposto. É como se fosse uma "receita culinária" para executar um programa. Instrução é uma ação realizada para se alcançar um determinado objetivo.

Exemplo de descrição narrativa de um algoritmo:

```
Acende LED;
Dá um tempo de 1s;
Apaga LED;
Dá um tempo de 1s;
```

Vamos fazer um programa para acionar um LED, só que agora ele só irá acender caso eu acione uma chave na entrada. A chave está ligada ao pino 2 e o outro lado no GND. O catodo do LED está ligado no GND e o anodo em um resistor de 220Ω. O outro lado do resistor está ligado ao pino 8 do Arduino (Figura 9).

Lista de material:

- Protoboard
- LED $5mm^2$
- Chave de toque
- Resistor 220Ω -1/8W
- Fios *jumper*
- Arduino Uno

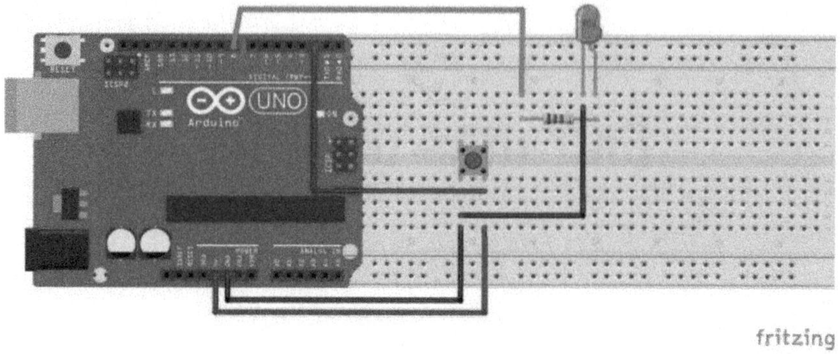

Figura 9: Circuito elétrico do projeto 2

Resistor *pull-down* e *pull-up*

Na Figura 10, caso a chave esteja fechada, teremos nível alto no pino 2 do Arduino; porém, se ela estiver aberta, caso não exista o resistor R1 (10kΩ), o Arduino não conseguirá "enxergar" GND e não irá considerar nível 0. A este resistor ligado ao GND, que faz com que o Arduino "enxergue" o nível quando a chave estiver aberta, chamamos de resistor de *pull-down*.

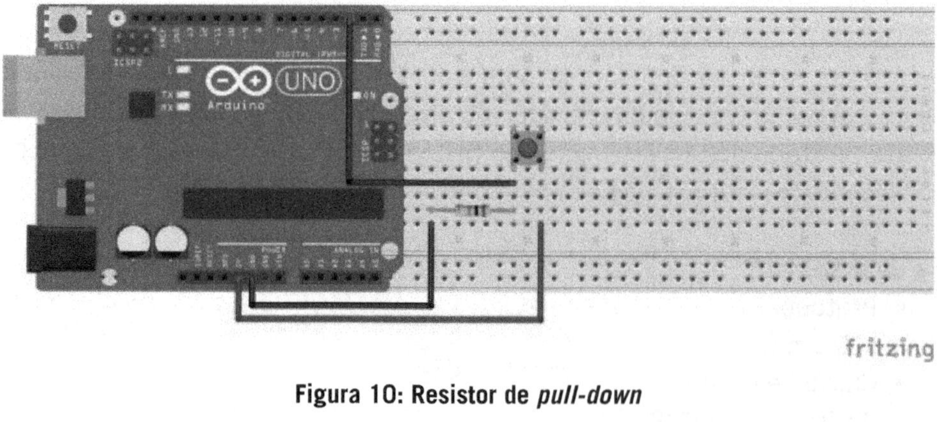

Figura 10: Resistor de *pull-down*

Podemos também optar por ligar o resistor à alimentação 5V e a chave ao GND. Neste caso, esse resistor se chamará *pull-up* (Figura 11). Ao contrário do anterior, teremos nível alto com a chave aberta e nível baixo com a chave fechada.

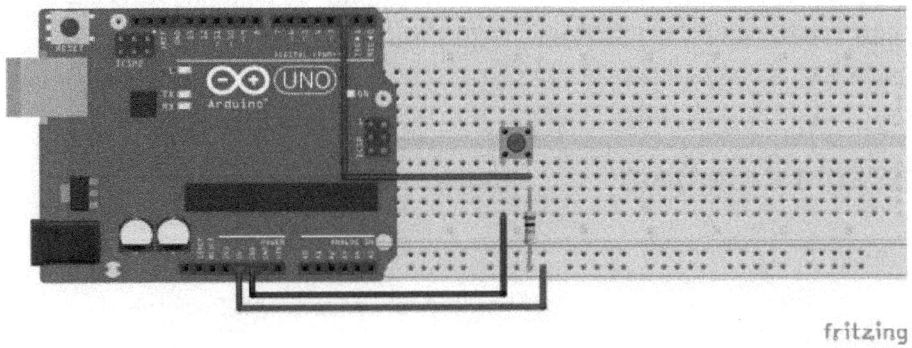

Figura 11: Resistor *pull-up*

Programa 1: acionando uma saída através de uma chave de toque

O Arduino já tem resistor *pull-up* interno nos pinos digitais (para que, assim, não se necessite colocar um resistor externamente). Para utilizá-lo, basta escrever uma instrução no *void setup*.

Sintaxe:

```
pinMode (pino, INPUT_PULLUP);
```

Escrevendo o programa...

No *void setup* iremos configurar o pino 2 para entrada digital ativando o resistor *pull-up* interno e configurar o pino 8 como saída digital.

```
void setup ( ) {
      pinMode (2, INPUT_PULLUP);
      pinMode (8, OUTPUT);
}
```

No *void loop*, para ler o pino de entrada temos a sintaxe: *digitalRead (pino);*

A instrução vai ler o pino e retornar valor de nível 0 ou 1. Então podemos escrever a instrução "digitalWrite (8, digitalRead (2));". O microcontrolador vai ler o pino 2 e escrever seu valor na saída do pino 8 – dessa forma, o LED ficará aceso enquanto a chave não estiver acionada (devido ao resistor interno de PULLUP) e apagado quando a chave estiver acionada. Porém, queremos acender o LED quando acionarmos a chave, então teremos que colocar o sinal "!" na frente do digitalRead. A exclamação na programação significa "negação", "inversão", "falso" ou "nível 0".

```
digitalWrite (8, !digitalRead (2) );
```

Programa completo

```
void setup ( ) {
      //configura o pino 2 como entrada e ativa o resistor pull-up
      pinMode (2, INPUT_PULLUP);
      //configura o pino 8 como saida
      pinMode (8, OUTPUT);
}
void loop ( ) {
      // escreve no pino 8 o inverso (complemento) do valor no pino 2
      digitalWrite(8, !digitalRead(3) );
      // espera 200 milessegundos
      delay(200);
}
```

Estrutura condicional se (*if*)

Condicional é uma estrutura onde as instruções só serão realizadas caso uma determinada condição seja verdadeira.

Exemplo 1:

```
Se (eu for à praia) {
Vou nadar;
      Vou pegar sol;
}
```

"Se" é a condicional. As instruções que estão entre as chaves só serão executadas caso a condição entre parênteses, ligada à condicional, seja verdadeira.

Note que, após a condição, não se coloca ponto e vírgula, pois, caso isso ocorra, você fechará a condição nesse ponto e ela não fará as instruções seguintes, caso seja verdadeira. Vamos exemplificar aplicando a condicional *if* (se) no programa 2.

Programa 2: piscando o LED com a condicional *if*

No *void setup* o programa é o mesmo: configura um pino como entrada digital ativando o *pull-up* e configura um pino de saída digital.

```
void setup ( ) {
      pinMode ( 2, INPUT_PULLUP);
      pinMode ( 8, OUTPUT);
      }
```

No *void loop* iremos adicionar uma condicional *if* para verificar se a chave foi pressionada (se está com nível baixo na entrada) e executar instruções de piscar o LED, caso a condição seja verdadeira.

```
void loop ( ) {
// verificando se o pino 2 está com nível baixo
if ( !digitalRead (2) ) {
      digitalWrite(8, HIGH);
      delay (500);
      digitalWrite(8,LOW);
      delay (500);
      } // fim do if
} //fim do loop
```

Programa completo

```
void setup ( ) {
      pinMode ( 2, INPUT_PULLUP);
      pinMode ( 8, OUTPUT);
      } //fim do setup
void loop ( ) {
      if ( !digitalRead (2) ) {
      digitalWrite(8, HIGH);
      delay (500);
      digitalWrite(8,LOW);
      delay (500);
      }
} //fim do loop
```

Condicional senão (*else*)

Junto com a condicional *if* podemos utilizar a condicional *else* caso seja necessária.

Exemplo de um trecho do programa:

```
1     void loop ( ) {
2          if (digitalRead (7) ) {
3          digitalWrite (13, HIGH);
4          delay (500);
5          digitalWrite (13,LOW);
6          delay (500);
7          } // fim if
8               else {
9               digitalWrite (13, HIGH);
10              delay (50);
11              digitalWrite (13, LOW);
12              delay (50);
13              } // fim else
14    } // fim loop
```

Na linha 2 temos uma condicional *if* e sua condição: se o pino 7 estiver com nível alto, irá executar as instruções das linhas 3 a 6; senão (*else*, na linha 8), ou seja, pino 7 com nível baixo, irá executar as instruções das linhas 9 a 12.

Também podemos utilizar *else if* quando temos mais de duas condições.

Exemplo com mais de duas condições:

```
void loop() {
int x = 0;
     if (x==0) {
     digitalWrite (13, HIGH);
     }
          else if (x==1) {
          digitalWrite (12, HIGH);
          }
               else {
               digitalWrite (13, LOW);
               digitalWrite (12, LOW);
               x = 0
```

```
13                       delay (5000);
14                       }
15      x ++;
16      } // fim do loop
```

Na linha 2, foi declarada uma variável do tipo inteiro com o nome "x" e atribuído o valor 0. Na linha 3 temos a primeira condição: se "x" for igual a 0, irá escrever nível alto no pino 13. Na linha 6, temos a segunda condição: se "x" for igual a 1, irá escrever nível alto no pino 12. Na linha 9, temos a terceira condição: se "x" for diferente de 0 e diferente de 1, irá escrever nos pinos 12 e 13, nível baixo, atribuir 0 em "x" e pausar por 5 segundos. Quem garante a mudança da variável "x" é a instrução da linha 15: x++ (incremento de x, que é igual a x = x + 1). No próximo capítulo veremos operadores e suas aplicações.

4
Monitor serial e operadores

Monitor serial

O monitor serial é um recurso do ambiente Arduino que permite a comunicação entre seu computador e a placa do Arduino, recebendo e enviando dados seriais.

Normalmente usamos esse recurso para controle a partir do teclado e para as leituras que auxiliam na depuração de códigos. Para que ele funcione, sua placa deve estar conectada ao computador via cabo USB. O comando de configuração no *void setup* para taxa de velocidade de comunicação do monitor serial tem sua sintaxe:

```
Serial.begin(9600);
```

A instrução para escrita de uma variável do monitor serial tem como exemplo:

```
// declaração da variável do tipo inteiro com nome de "valor" e atribui zero
    int valor =0;
// imprime o valor da variável no monitor serial e pula linha
    Serial.println (valor);
// imprime o valor da variável no monitor serial e não pula linha
    Serial.print (valor);
```

A diferença entre a instrução Serial.print e Serial.println é que a primeira escreve tudo na mesma linha e a segunda pula para a próxima linha após escrever a informação.

Para escrever uma palavra ou frase, usa-se aspa dupla – por exemplo, Serial.println ("olá mundo");

Após fazer o *upload* do programa, clique no ícone do monitor serial, no canto superior direito (Figura 12).

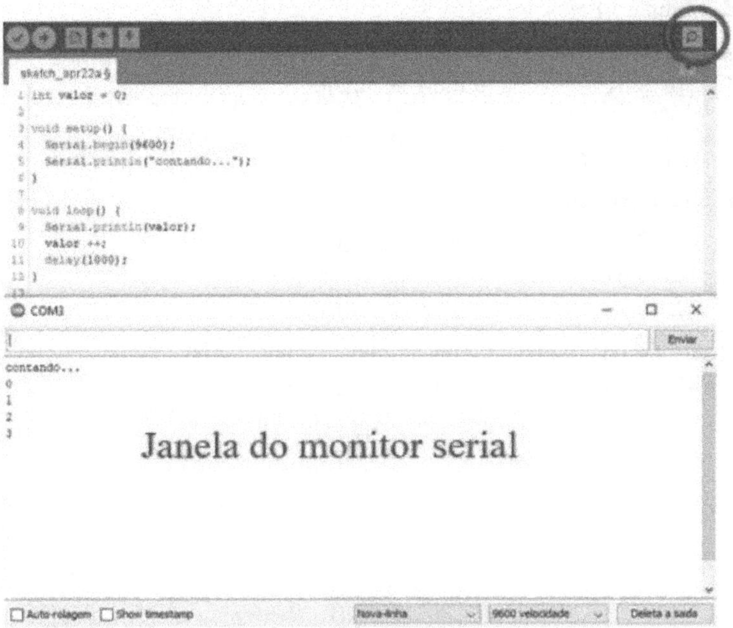

Figura 12: Monitor serial

Arduino recebendo dados via monitor serial

Podemos também ter comandos para enviar dados do computador para o Arduino, através do monitor serial.

Exemplo 1: Trecho do programa para enviar dados do computador para o Arduino:

```
void loop ( ) {
char dados_recebidos;
            if (Serial.available ( ) ) {
            dados_recebido = Serial.read( ) ;
            }
}
```

Na linha 2 foi declarada uma variável do tipo caractere com nome *dados_recebidos*. A linha 3 verifica se recebeu algum dado via monitor serial e, caso tenha recebido, a linha 4 atribui a variável *dados_recebidos.*

Exemplo 2: programa completo para escrever no monitor serial através de um comando do computador:

```
1   void setup ( ) {
2   Serial.begin (9600);
3   Serial.println (“aguardando mensagem...”);
4   }
5   void loop ( ) {
6   char dados_recebidos;
7       if (Serial.available ( ) ) {
8       dados_recebidos = Serial.read ( ) ;
9       Serial.println (dados_recebidos);
10      delay (100);
11          if (dados_recebidos == ‘L’) {
12          Serial.println(“Ligado”);
13          }
14              if (dados_recebidos == ‘D’) {
15              Serial.println(“Desligado”);
16              }
17      }
18  } // fim do loop
```

No exemplo 2, a função *void setup* (linha 1 a 4), configura a velocidade de comunicação (9600 bps) e escreve no monitor serial “aguardando mensagem”. Na função *void loop*, na linha 6, ocorre a declaração de uma variável do tipo caractere com nome *dados_recebidos*. Na linha 7, foi colocada uma condicional para receber dados via serial e, caso receba, guarda o dado na variável. Se o dado for igual a ‘L’, escreve “Ligado” no monitor serial; se for igual a ‘D’, escreve “Desligado”.

Para testar o programa, carregue-o no Arduino, aperte as teclas ‘L’ e ‘D’ do teclado do seu computador e observe o monitor serial para obter as respostas.

Operadores aritméticos

Seu objetivo é realizar operações matemáticas, para que sejam utilizadas nas estruturas de programação ou na própria lógica do algoritmo.

A Tabela 3 apresenta cada um dos símbolos e suas operações.

Tabela 3: Operadores aritméticos.
Fonte: Arduinocc (s.d.)

Símbolo	Atribuição composta	Operação
=		Atribuição
+	+=	Soma
-	-=	Subtração
*	*=	Multiplicação
/	/=	Divisão
%	%=	Resto da divisão
	++	Incremento
	--	Decremento

Exemplo 1 de operadores aritméticos:

```
x = 1;
x = x + 5; ou x += 5;
```

No exemplo 1, está somando x = (x=1) + 5, x = 6.

Exemplo 2 de operadores aritméticos:

```
x = 5;
x = x % 2; ou x%= 2;
```

No exemplo 2, está dividindo 5 por 2, porém está guardando em x o resto da divisão (5 / 2 = 2 e resta 1), x = 1.

Exemplo 3 de operadores aritméticos:

```
x = 2;
x ++;
```

No exemplo 3, está incrementando x, ou seja, (x = 2)+1. O resultado: x = 3.

Operadores relacionais

Resultam em valores lógicos como verdadeiro e falso. Normalmente são usados em um programa como condições em estruturas condicionais.

Tabela 4: Operadores relacionais.
Fonte: Arduinocc (s.d.)

Símbolo	Operação
==	Igualdade
!=	Diferença
>	Maior
<	Menor
>=	Maior ou igual
<=	Menor ou igual

Exemplo de operadores relacionais:

```
if (x == 1 ) // se x for igual a 1, é verdadeiro.
If (x != 0) // se x for diferente de 0, é verdadeiro.
```

Operadores lógicos

Estes operadores são utilizados em conjunto com os operadores relacionais para formar uma sentença lógica maior, de forma a juntar duas ou mais sentenças relacionais.

Tabela 5: Operadores lógicos.
Fonte: Arduinocc (s.d.)

<table>
<tr><th>Símbolo</th><th>Operação</th></tr>
<tr><td>&&</td><td>E (AND)</td></tr>
<tr><td>||</td><td>OU (OR)</td></tr>
<tr><td>!</td><td>NÃO (NOT)</td></tr>
</table>

Exemplo de operadores lógicos:

- if (x >=1 && x <= 10) Se x for maior ou igual a 1 E menor ou igual a 10, é verdadeiro.
- if (!chave1 || chave2) Se chave1 está Não em nível alto, ou seja, nível baixo, OU chave2 está em nível alto, é verdadeiro.

Vamos praticar...

Montando um alarme: um aviso sonoro (*buzzer*) será ativado quando um **OU** outro dos dois sensores *reed-switch* forem acionados **E** uma chave *on/off* estiver ligada.

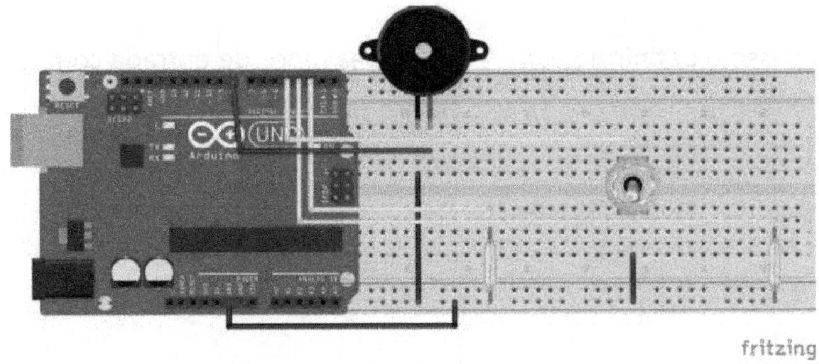

Figura 13: Esquema elétrico do alarme

Reed-switches são sensores magnéticos normalmente utilizados para abertura de portas.

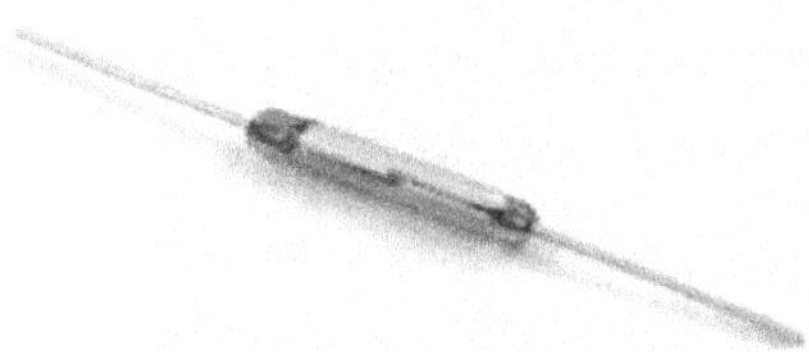

Figura 14: *Reed-switch*

Constitui-se de uma ampola que internamente possui uma chave que irá mudar a sua condição (aberta ou fechada) ao se aproximar um campo magnético deste (em geral, proveniente de um ímã). Assim, se tivermos um *reed-switch* normalmente aberto (NA), ao aproximar um ímã a sua chave interna fechará. Se tivermos um normalmente fechado (NF), a aproximação do ímã o manterá aberto.

No nosso exemplo estamos usando *reed-switches* NF ligados ao terra e resistores de *pull-up* internos do Arduino – e, por isso, ao ser acionado, irão gerar um nível lógico alto na entrada; já chave *on/off*, que é normalmente aberta, ao ser ligada, irá gerar um nível lógico baixo; o *buzzer* ativa com nível lógico alto.

Lista de material:

- Arduino Uno
- *Protoboard*
- *Buzzer* ativo de 5V
- 2 *reed-switches* NF
- Chave *on/off*.

Programa:

O primeiro passo é definir no *void setup* os três pinos de entrada com resistor *pull-up* e uma saída.

```
void setup ( ) {
pinMode (8, OUTPUT);
pinMode (2, INPUT_PULLUP);
pinMode (3, INPUT_PULLUP);
pinMode (4, INPUT_PULLUP);
}
```

Próximo passo, no programa principal (*void loop*) é usar os operadores lógicos para tornar a lógica verdadeira, fazendo uma lógica **OU** com os dois *reed-switches* (pinos 3 e 4) e o resultado com a chave, uma lógica **E**.

```
void loop ( ) {
/* se um dos dois sensores estiverem com nível alto e a chave com
nível baixo, irá acionar o alarme*/
if ((digitalRead(4) || digitalRead(3)) && !digitalRead(2)) {
digitalWrite (8, HIGH);
}
if (digitalRead(2)) {
// se a chave estiver com nível alto, o alarme é desligado
digitalWrite (8, LOW);
}
} // fim do loop
```

Programa completo

```
void setup ( ) {
pinMode (8, OUTPUT);
pinMode (2, INPUT_PULLUP);
pinMode (3, INPUT_PULLUP);
pinMode (4, INPUT_PULLUP);
} // fim do setup
void loop ( ) {
    if ((digitalRead(4) || digitalRead(3)) && !digitalRead(2)) {
    digitalWrite (8, HIGH);
    }
        if (digitalRead(2)) {
        digitalWrite (8, LOW);
        }
} // fim do loop
```

5
Entradas analógicas

Introdução

Com essas entradas podemos trabalhar com sensores analógicos como os de temperatura, pressão etc., que geram uma tensão de 0 a 5V na saída.

Como já dissemos anteriormente, as entradas analógicas do Arduino são as dos pinos A0 até A5.

O conversor AD no Arduino irá converter uma tensão analógica na entrada para um determinado número binário dentro dele.

Mas que número é esse?

Para obtermos esta resposta, temos que primeiro saber sobre duas das suas características:

- A tensão de referência do Arduino Uno é 5V, então a tensão de entrada que será convertida não pode ultrapassar esse valor.
- O conversor AD do Arduino irá converter a tensão de entrada para um número de 10 *bits*. Isso quer dizer que o maior número que pode ter a tensão convertida é 1023 (2 ^10 – 1).

Com base nisso, chegamos à conclusão de que sempre que houver 5V na entrada, o número interno convertido do conversor AD será 1023.

A partir dessas informações, podemos converter qualquer tensão de entrada e saber o seu número correspondente convertido.

Exemplo: quando eu tiver 2V na entrada analógica, qual o número interno que o Arduino irá converter?

$$\frac{5V}{1023} \rightarrow \frac{2V}{X} \therefore X = \frac{2V \times 1023}{5V} = 409$$

Com isso queremos dizer que, caso você queira acionar algo externamente no pino 5, por exemplo, sempre que a tensão de entrada analógica A0 ultrapassar 2V, é só fazer:

```
int x = analogRead (A0);
if ( x > 409) {
digitalWrite ( 5, HIGH);
}
```

No exemplo, o programa irá atribuir na variável "x" o valor convertido referente da leitura analógica do pino A0. A função analogRead (A0) é a instrução para ler a entrada analógica respectiva.

Vamos praticar...

Projeto 1: teste da entrada analógica

Lista de material:

- Arduino Uno
- *Protoboard*
- Potenciômetro linear 10kΩ

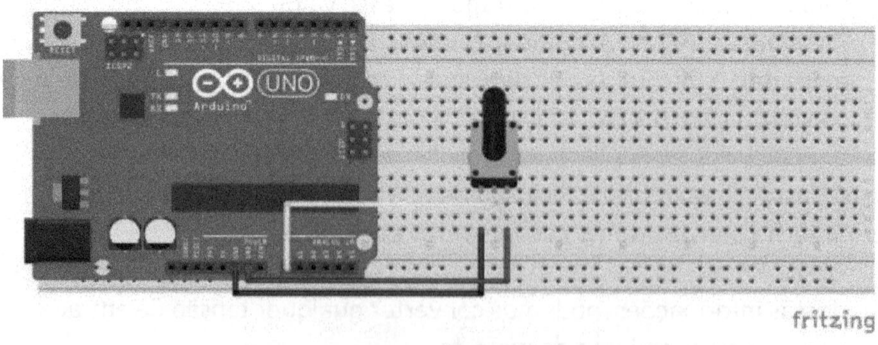

Figura 15: Esquema elétrico do projeto

Esse projeto consiste em verificar através de monitor serial o valor correspondente da tensão de entrada analógica. O potenciômetro possui três terminais: o da esquerda está conectado no pino GND, o da direita ao pino 5V e o terminal central no pino A0 (entrada analógica). Dessa forma, teremos uma variação de nível de tensão de 0 a 5V, dependendo da posição do eixo deste.

Programa:

No *void setup*, iremos apenas configurar a taxa de comunicação com o monitor serial. Não é necessário configurar os pinos das entradas analógicas.

```
void setup ( ) {
Serial.begin (9600);
}
```

No *void loop*, iremos declarar uma variável do tipo inteiro, atribuí-la à leitura do pino A0 e depois escrever no monitor serial o valor da variável a cada 1 segundo.

```
      void loop ( ) {
      int valor = analogRead (A0);
      Serial.println (valor);
      delay (1000);
      }
```

Programa completo

```
void setup ( ) {
Serial.begin (9600);
}
void loop ( ) {
      int valor = analogRead (A0);
      Serial.println (valor);
      delay (1000);
      }
```

Projeto 2: sensor de luminosidade com LDR

Lista de material:

- Arduino Uno
- *Protoboard*
- Resistor fixo 10kΩ
- LDR 5mm²

Nesse projeto é só substituir o potenciômetro por um circuito em série de resistor fixo e LDR, conforme a Figura 16.

LDR quer dizer "Resistor Dependente de Luz". Como o nome diz, ele irá variar a sua resistência interna conforme a luz que incide sobre este.

Figura 16: LDR

A resistência do LDR é inversamente proporcional à luz que incide sobre este – quer dizer, quanto maior a luminosidade, menor é a sua resistência.

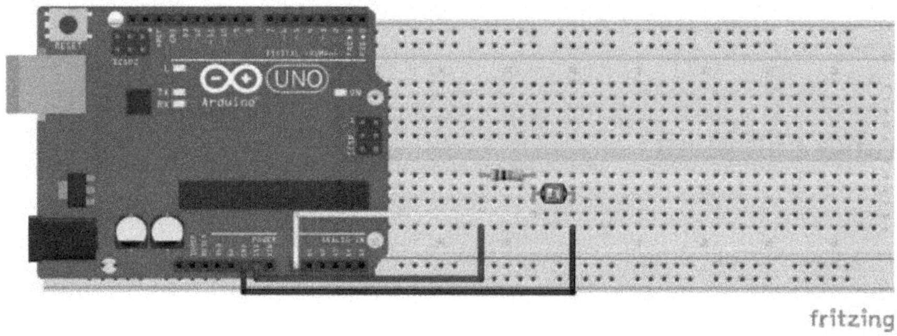

Figura 17: Projeto com LDR

Esse projeto consiste em verificar através do monitor serial o valor da tensão na entrada analógica, pela variação da luminosidade, através de um divisor de tensão formado por um resistor fixo e um LDR (resistor dependente de luz). Um lado do resistor fixo irá para o pino de 5V, o outro lado se conecta com um dos terminais do LDR, e essa junção deriva para o pino A0. O outro terminal do LDR conecta-se ao GND. Dessa forma, teremos uma variação de nível de tensão de 0 a 5V, dependendo da incidência de luz no LDR. O resistor fixo e o LDR não possuem polaridade, então não se preocupe com qual lado ligará o 5V e/ou GND.

A programação é bem parecida com o projeto 1, mas acionaremos o LED_BUILTIN dependendo do valor obtido no pino A0.

Programa:

```
void setup ( ) {
Serial.begin (9600);
pinMode ( LED_BUILTIN, OUTPUT);
}
void loop ( ) {
int lumi = analogRead (A0);
Serial.println (lumi);
if (lumi >= 500) digitalWrite (LED_BUILTIN, HIGH);
else digitalWrite (LED_BUILTIN, LOW);
delay (1000);
}
```

Ih! Não funcionou!

LDR é um resistor não linear. Com uma grande intensidade de luz em seu corpo, a sua resistência pode variar centenas de Ω à unidade de kΩ. Com pouca intensidade de luz pode chegar a 200 kΩ. Portanto, o ideal é que se faça uma verificação no monitor serial de qual valor está marcando com pouca luz e depois o valor com muita luz. Se necessário, altere o valor do resistor fixo para 4,7kΩ, por exemplo, e refaça o teste.

Projeto 3: sensor de temperatura com LM35

Nesta etapa colocaremos um LM35 na entrada analógica A0 e o alimentaremos com 5V, conforme a Figura 18.

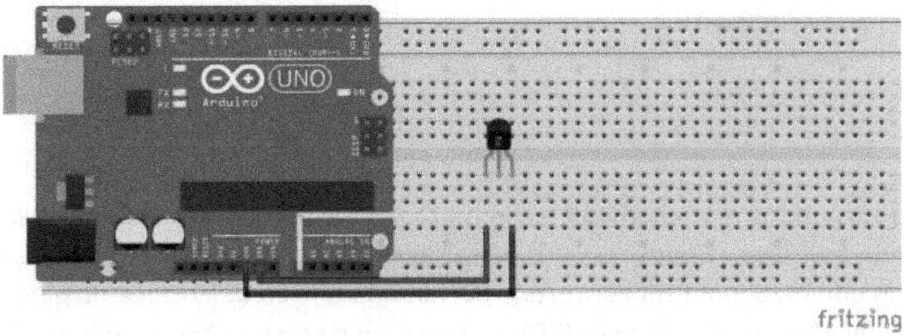

Figura 18: Projeto com LM 35

O LM35 é um sensor de temperatura que gera uma tensão de saída de 10mV para cada 1º C. Sendo assim, se a temperatura ambiente está em 28 graus, ele irá gerar uma tensão de 0.28V. Se a temperatura subir para 31 graus, ele irá gerar agora uma tensão de 0.31V. E assim por diante.

Figura 19: Pinagem do LM35

O programa

Uma forma de fazer um programa para informar a temperatura no monitor serial é declarar uma variável global do tipo *float* e habilitar no *void setup* a comunicação serial.

```
float temp;
void setup ( ) {
Serial.begin (9600);
}
```

O próximo passo é fazer leitura da porta analógica, armazenar na variável e calcular a temperatura equivalente.

```
void loop ( ) {
temp = analogRead (A0);
temp = temp *5;
temp = temp / 1023;
temp = temp / 0.01;
```

A instrução, temp = analogRead (A0) é para fazer a leitura do pino analógico A0 e atribuí-la à variável. Depois, o valor da variável foi multiplicado por 5 e em seguida dividido por 1023, para ser convertido ao valor da tensão de entrada do pino analógico. A divisão do resultado por 0.01 é para converter o resultado em graus Celsius, pois o sensor informa 10 mV/ºC. Agora é só "printar" o resultado!

```
Serial.print (" temperatura = " );
Serial.print ( temp );
Serial.println("      ° C" );
delay (3000);
```

Programa completo

```
float temp;
void setup ( ) {
Serial.begin (9600);
}
void loop ( ) {
      temp = analogRead (A0);
      temp = temp * 5;
      temp = temp / 1023;
      temp = temp / 0.01;
      Serial.print (" temperatura =  " );
      Serial.print ( temp );
      Serial.println("  °C" );
      delay (3000);
}
```

Função *map*

Para obter o valor correto da temperatura utilizaremos a função *map*. Com esta função você pode associar uma determinada faixa de valores a outra faixa, porém de números inteiros.

A função *map* funciona da seguinte maneira:

```
map (variável, menor valor da faixa de origem, maior valor da faixa de
origem, menor valor da faixa alvo, maior valor da faixa alvo)
```

Exemplo:

```
mapeando = map (mapeando,0,1023,0,255);
```

Isso quer dizer que a faixa original vai de 0 a 1023, porém a função *map* vai associar esta faixa a valores de 0 a 255.

Como o LM35 no máximo na saída dele dá um valor de 1,5V (equivalente a 150º C), de forma análoga, se o LM 35 pudesse medir uma temperatura de 500º C, sua saída de tensão seria 5V (tensão máxima permitida na entrada do Arduino). Então é só mapear 0 a 1023 para 0 a 500.

```
temp = map (temp,0,1023,0,500);
```

Programa completo

```
void setup ( ) {
      Serial.begin (9600);
      }
      void loop ( ) {
      int temp = analogRead(A0);
      temp= map(temp,0,1023,0,500);
      Serial.print (" temperatura =  " );
      Serial.print ( temp );
      Serial.println("  °C" );
      delay (3000);
}
```

6
Saídas "analógicas" (PWM)

Introdução

Segundo o site do Arduino, "PWM (*Pulse Width Modulation*), ou modulação da largura de pulso, é uma técnica para obter resultados analógicos com meios digitais" (ARDUINOCC, s.d.). Essa técnica é empregada em diversas áreas da eletrônica, por exemplo: fontes chaveadas, inversores de frequências, controle de luminosidade...

Com o PWM você poderá criar um sinal de onda quadrada na saída e determinar o ciclo de trabalho (*duty cycle*).

$$duty\ cycle\ (d) = \frac{Ton}{T}$$

Sendo:

- Ton = tempo ligado.
- Toff = tempo desligado.
- T = período = Ton + Toff.

Assim, variando o ciclo de trabalho, varia o valor médio do nível de tensão na saída.

$$Vout = d \times Vcc$$

Sendo:

- Vout = tensão de saída.
- d = *duty cycle*.
- Vcc = tensão de entrada.

Desse modo, podemos variar o brilho de um LED gradativamente ou mesmo a velocidade de um motor.

PWM no Arduino

A saída PWM utiliza um registrador de 8 *bits*. Isso quer dizer que esta produzirá um sinal com a largura de pulso entre 0 e 255 (2^8 – 1).

Sendo assim, o número 0 corresponderá a 0V, o número 255 corresponderá a 5V, o número 127 corresponderá a 2.5V e assim por diante. Na Figura 20, temos um gráfico mostrando os principais valores, mas com uma regra de três simples obtemos qualquer valor. Exemplo:

$$\frac{5V}{255} \rightarrow \frac{Vout}{X} \rightarrow X = \frac{Vout \times 255}{5V}$$

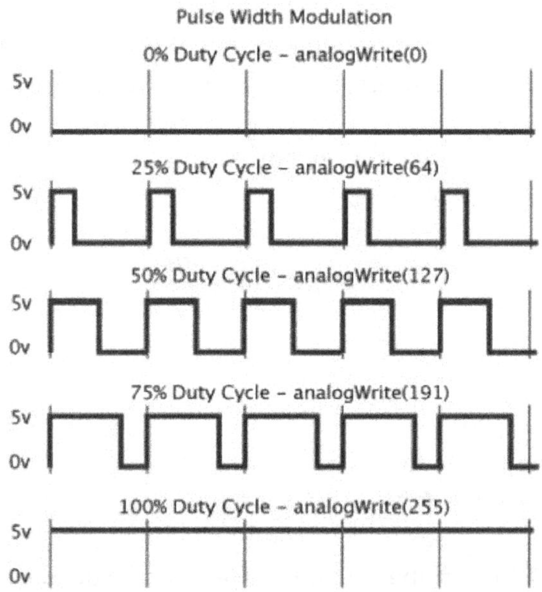

Figura 20: Gráfico PWM. Fonte: Arduinocc (s.d.)

Vout é a valor de tensão na saída do pino de PWM, e "x" é o número do parâmetro para escrita.

No Arduino Uno as saídas com PWM estão assinaladas com um til (~) e são elas os pinos 3, 5, 6, 9, 10 e 11.

Para escrever um sinal de 50%, por exemplo, na saída 9 do PWM basta fazer a seguinte instrução.

Sintaxe:

```
analogWrite(9,127);
```

E como faríamos para variar esse valor?

Como podemos fazer para variar o brilho de um LED na saída 9 de um Arduino repetidamente?

Existem duas maneiras...

A primeira seria utilizando a instrução de incremento e decremento com laço de repetição *while* (enquanto).

Laço de repetição *while*

Exemplo:

```
void loop ( ) {
int x = 0;
while (x < 255) {
x++;
analogWrite (9, x);
delay (10);
}
```

Nesse primeiro laço, enquanto "x" for menor que 255, incrementa "x" e associa o valor de "x" no parâmetro valor de analogWrite ( ).

```
while(x  > 0) {
x--;
analogWrite (9,x);
delay (10);
}
} // fim loop
```

O segundo laço é igual ao primeiro, porém de forma decrescente. Note que cada laço irá demorar aproximadamente 2,5 segundos (255 x 10 ms).

O laço *while* fica executando as instruções enquanto a condição for verdadeira, ou seja, o programa fica preso no laço.

Laço de repetição *for*

A segunda maneira é utilizar o laço *for*, que é uma estrutura de repetição com a seguinte sintaxe:

```
for (valor inicial; condição para repetir; incremento ou decremento).
```

Exemplo:

```
void loop ( ) {
            for (int i = 0; i < 255; i ++) {
analogWrite (9, i );
delay (10);
}
```

Nesse laço a variável "i" inicializa em zero, verifica a condição, incrementa a variável e executa todas as instruções dentro do laço, até que a condição (i < 255) seja verdadeira.

```
for (int i = 255; i > 0; i --) {
analogWrite (9, i );
delay (10);
}
} //fim loop
```

Esse laço é idêntico ao anterior, porém a variável inicializa em 255 e decrementa até que a condição (i > 0) seja verdadeira.

Programa completo *while*

```
void setup ( ) {
// não precisa configurar o pino como saída analógica
}
void loop ( ) {
int x = 0;
      while (x < 255) {
      x++;
      analogWrite (9, x);
      delay (10);
      }
            while(x  > 0) {
            x--;
            analogWrite (9,x);
```

```
        delay (10);
        }
} // fim do loop
```

Programa completo *for*

```
void setup ( ) {
// não precisa configurar o pino como saída analógica
}
void loop ( ) {
        for (int i = 0; i < 255; i ++) {
        analogWrite (9, i );
        delay (10);
        }
                for (int i = 255; i > 0; i --) {
                analogWrite (9, i );
                delay (10);
                }
} // Fim do loop
```

Projeto *Dimmer*

Lista de material:

- *Protoboard*
- LED 5mm²
- Potenciômetro 10 kΩ
- Resistor fixo 220 Ω 1/8W
- Fio *jumper*.

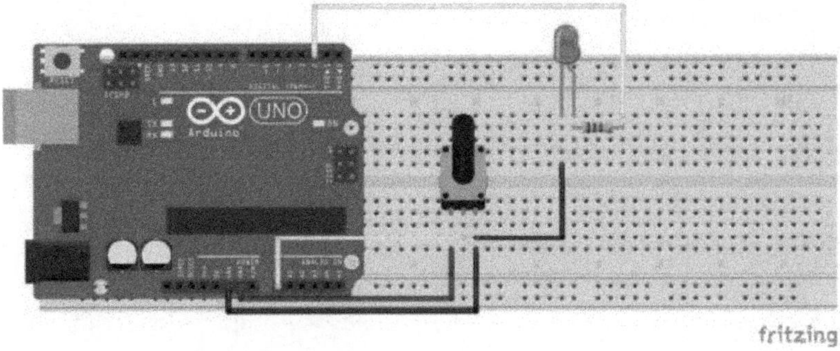

Figura 21: Projeto *Dimmer*

O projeto *Dimmer* consiste em manipular a intensidade do brilho do LED através do potenciômetro, sendo o potenciômetro conectado na entrada analógica A0 e o LED no pino 3~ (saída PWM).

O programa

No *void setup* não é necessário configurar os pinos analógicos. No *void loop* iremos declarar uma variável do tipo inteiro para guardar a leitura da entrada analógica.

```
int valor = analogRead (A0);
```

O conversor A/D (entrada analógica) é de 10 *bits* (1024) e o conversor D/A (saída analógica) é de 8 *bits* (256) – dessa forma, impossibilita de fazer uma transferência do valor da entrada direta para a saída. Teremos, nesse caso, de fazer uma conversão: de forma aritmética, é só dividir o valor da entrada por 4, pois 1024/256=4, ou utilizar a função *map* (variável, 0, 1023, 0, 255).

Programa completo

```
void setup ( ) {
}
Void loop ( ) {
int valor = analogRead A0 /4;
analogWrite (3, valor);
}
```

Ou a alternativa com a função *map*:

```
void setup ( ) {
}
Void loop ( ) {
int valor = analogRead A0 ;
valor = map (valor, 0,1023, 0, 255);
analogWrite (3, valor);
}
```

7
Display de 7 segmentos

O *display* de 7 segmentos na realidade são sete LEDs formando um número oito.

Dependendo da sequência de LEDs que você acenda, um número será escrito.

O display da Figura 22 é um catodo comum, quer dizer, são sete LEDs com todos os catodos interligados em um ponto comum. Para acender o LED deve-se ligar este ponto comum ao GND e colocar nível 1 no anodo correspondente. Existe ainda outro modelo de *display* que chamamos anodo comum. Neste, todos os anodos dos LEDs são interligados e para acender determinado segmento deve-se ligar o ponto comum a 5V e colocar nível 0 no catodo do LED correspondente.

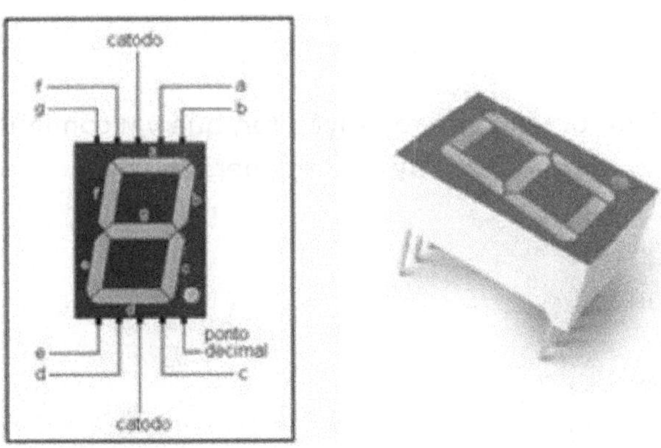

Figura 22: Display de 7 segmentos e sua pinagem

Para acender um determinado número é só acender os LEDs corretos.

```
0(Zero) - a, b, c, d, e, f
1(Um) - b, c
2(dois) - a, b, d, e, g
3(três) - a, b, c, d, g
4(quatro) - b, c, f, g
```

```
5(cinco) - a, c, d, f, g
6(seis) - a, c, d, e, f, g
7(sete) - a, b, c
8(oito) - a, b, c, d, e, f, g (todos)
9(nove) - a, b, c, f, g
```

No caso de um catodo comum, para escrever o número 2 no *display* – por exemplo, teremos que acender os LEDs A, B, D, E, G.

Tabela 6: Acionamento do pino 2

DÍGITO	G	F	E	D	C	B	A
PINO	8	7	6	5	4	3	2
NÍVEL	1	0	1	1	0	1	1

O programa

```
void setup ( ) {
      for (int I = 2; i <= 8; i++) {
      pinMode( i, OUTPUT);
      }
}
```

No *void setup* foi feito um laço de repetição *for*, que vai configurar os pinos 2 a 8 como saída digital para ligar o *display* de 7 segmentos.

```
void loop ( ) {
digitalWrite (2, HIGH);
digitalWrite (3, HIGH);
digitalWrite (4, LOW);
digitalWrite (5, HIGH);
digitalWrite (6, HIGH);
digitalWrite (7, LOW);
digitalWrite (8, HIGH);
      }
```

No *void loop* são necessárias apenas as instruções para escrever nas saídas digitais. Dessa forma, o programa irá escrever o número 2 no *display*. Nota-se que as saídas foram configuradas a partir do pino 2, pois recomenda-se reservar os pinos 0 (RX) e 1 (TX) para comunicação serial.

Estrutura de controle: *switch...case*

Suponhamos que temos um sensor foto de aproximação (ou sensor de obstáculo), e toda vez que o sensor detecta presença, incrementa uma variável. Assim, dependendo do valor da variável, o Arduino tomará decisões programadas.

O site filipeflop.com define que:

> *O Sensor de Obstáculo Infravermelho IR é um circuito composto por um emissor e um receptor IR, mais o CI comparador LM393, que facilita sua conexão com Arduino, visto que sua tensão é de 3,3-5V. Seu funcionamento é simples: quando algum obstáculo é colocado em frente ao sensor, o sinal infravermelho é refletido para o receptor. Quando isso acontece, o pino de saída OUT é colocado em nível baixo (0), e o LED verde do módulo é aceso, indicando que algum obstáculo foi detectado. O alcance do sensor é de 2 a 30 cm, que pode ser ajustado por meio do potenciômetro na placa. O sensor de obstáculo é um ótimo componente para utilização em robôs, contadores, alarmes e projetos com Arduino (FILIPEFLOP, s.d.).*

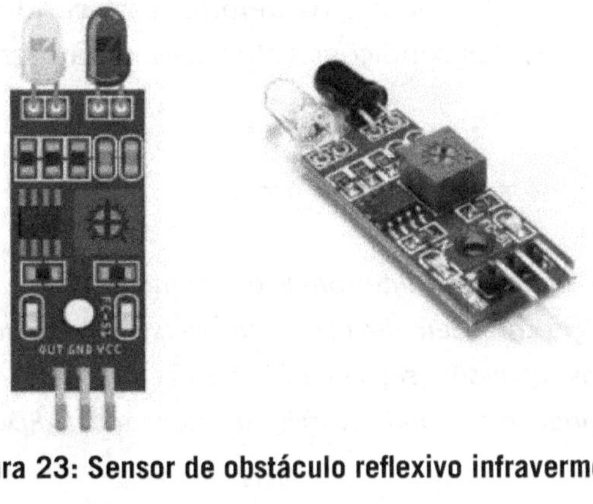

Figura 23: Sensor de obstáculo reflexivo infravermelho

Para essa tarefa podemos utilizar a instrução *switch...case*. Essa instrução compara várias condições em que a variável possa estar sem precisar usar a função *if*.

Exemplo:

```
Switch (x) {
case 5:
digitalWrite(7,HIGH);
break;
```

```
case 15:
digitalWrite(8,HIGH);
break;
case 20:
digitalWrite(9,HIGH);
break;
default:
digitalWrite(7,LOW);
digitalWrite(8,LOW);
 digitalWrite(9,LOW);
  }
```

Se "x" for igual a 5, será colocado nível alto no pino 7 e interrompe (*break*) o *switch*, quer dizer, o programa não verificará os outros *case* e sairá da chave.

Se "x" for igual a 15, será colocado nível alto no pino 8 e interrompe o *switch*.

Se "x" for igual a 20, será colocado nível alto no pino 9 e interrompe o *switch*.

Na última condição, temos a condição de *default* (essa condição é opcional), quer dizer, se não for nenhuma das condições anteriores, então zera todas as saídas (pinos: 7, 8 e 9).

No site Arduino.cc, define-se a instrução *break*:

> *A palavra-chave break interrompe o comando switch e é tipicamente usada no final de cada case. Sem um comando break, o comando switch irá continuar a executar as expressões seguintes (desnecessariamente) até encontrar um break, ou até o final do comando switch ser alcançado. (ARDUINOCC, s.d.)*

Vamos praticar...

Lista de material

- Arduino Uno
- *Protoboard*
- *Display* 7 segmentos catodo comum
- Resistor fixo 100Ω / 1/8W
- Módulo sensor infravermelho

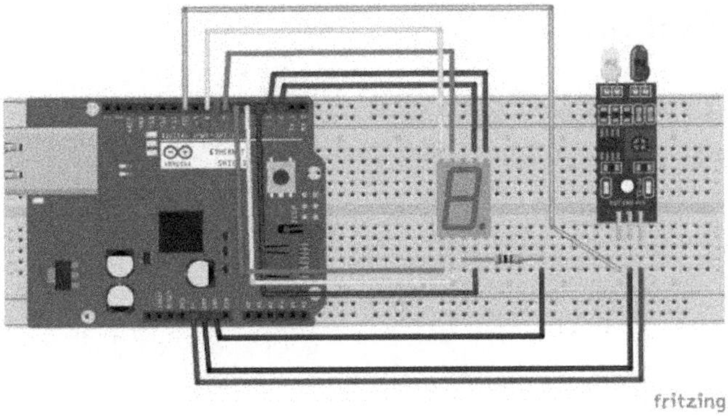

Figura 24: Projeto Contador

O programa irá incrementar uma variável toda vez que o sensor infravermelho detectar um objeto e escrever no *display* a quantidade. Como estamos usando apenas um *display* de 7 segmentos, iremos contar de 0 a 9 e, depois disso, retornar ao 0.

O *display* está conectado nos pinos 2, 3, 4, 5, 6, 7, 8, sendo o pino 2 o segmento "A" e consecutivamente o pino 8 o segmento "G". O pino catodo comum do *display* está conectado através de um resistor de 100Ω para o pino GND.

O módulo sensor é alimentado pelos pinos VCC e GND, ligado no pino 5V e GND do Arduino respectivamente. O pino OUT do sensor irá informar nível baixo quando detectar um objeto, assim será ligado no pino 10 do Arduino, que está configurado como entrada digital.

O algoritmo será dessa forma:

Se o sensor detectar um objeto, incrementa a variável e coloca-se um *delay* que seja o tempo suficiente para que o objeto possa passar pelo sensor;

Caso a variável seja igual a 0, escrever 0 no *display*;

Caso a variável seja igual a 1, escrever 1 no *display*;

Caso a variável seja igual a 2, escrever 2 no *display*;

E assim sucessivamente até a variável igualar a 10.

Caso a variável seja igual a 10, atribuir 0 na variável para retornar ao estado inicial;

Programa completo

```
int objeto = 0;
void setup ( ) {
     for (int i = 2; i <= 8; i ++) {
     pinMode (i , OUTPUT);
     }
pinMode (10, INPUT);
}

void loop ( ) {
if (!digitalRead (10)){
     objeto ++;
     delay (1000);
     }

switch (objeto) {
     case 0:
     digitalWrite (2, HIGH);  //A
     digitalWrite (3, HIGH);  //B
     digitalWrite (4, HIGH);  //C
     digitalWrite (5, HIGH);  //D
     digitalWrite (6, HIGH);  //E
     digitalWrite (7, HIGH);  //F
     digitalWrite (8, LOW);  //G
     break;
     case 1:
     digitalWrite (2, LOW);  //A
     digitalWrite (3, HIGH);  //B
     digitalWrite (4, HIGH);  //C
     digitalWrite (5, LOW);  //D
     digitalWrite (6, LOW);  //E
     digitalWrite (7, LOW);  //F
     digitalWrite (8, LOW);  //G
     break;
     case 2:
     digitalWrite (2, HIGH);  //A
     digitalWrite (3, HIGH);  //B
     digitalWrite (4, LOW);  //C
```

```
digitalWrite (5, HIGH);  //D
digitalWrite (6, HIGH);  //E
digitalWrite (7, LOW);  //F
digitalWrite (8, HIGH);  //G
break;
case 3:
digitalWrite (2, HIGH);  //A
digitalWrite (3, HIGH);  //B
digitalWrite (4, HIGH);  //C
digitalWrite (5, HIGH);  //D
digitalWrite (6, LOW);  //E
digitalWrite (7, LOW);  //F
digitalWrite (8, HIGH);  //G
break;
case 4:
digitalWrite (2, LOW);  //A
digitalWrite (3, HIGH);  //B
digitalWrite (4, HIGH);  //C
digitalWrite (5, LOW);  //D
digitalWrite (6, LOW);  //E
digitalWrite (7, HIGH);  //F
digitalWrite (8, HIGH);  //G
break;
case 5:
digitalWrite (2, HIGH);  //A
digitalWrite (3, LOW);  //B
digitalWrite (4, HIGH);  //C
digitalWrite (5, HIGH);  //D
digitalWrite (6, LOW);  //E
digitalWrite (7, HIGH);  //F
digitalWrite (8, HIGH);  //G
break;
case 6:
digitalWrite (2, LOW);  //A
digitalWrite (3, LOW);  //B
digitalWrite (4, HIGH);  //C
digitalWrite (5, HIGH);  //D
digitalWrite (6, HIGH);  //E
digitalWrite (7, HIGH);  //F
```

```
        digitalWrite (8, HIGH);  //G
        break;
        case 7:
        digitalWrite (2, HIGH);  //A
        digitalWrite (3, HIGH);  //B
        digitalWrite (4, HIGH);  //C
        digitalWrite (5, LOW);  //D
        digitalWrite (6, LOW);  //E
        digitalWrite (7, LOW);  //F
        digitalWrite (8, LOW);  //G
        break;
        case 8:
        digitalWrite (2, HIGH);  //A
        digitalWrite (3, HIGH);  //B
        digitalWrite (4, HIGH);  //C
        digitalWrite (5, HIGH);  //D
        digitalWrite (6, HIGH);  //E
        digitalWrite (7, HIGH);  //F
        digitalWrite (8, HIGH);  //G
        break;
        case 9:
        digitalWrite (2, HIGH);  //A
        digitalWrite (3, HIGH);  //B
        digitalWrite (4, HIGH);  //C
        digitalWrite (5, LOW);  //D
        digitalWrite (6, LOW);  //E
        digitalWrite (7, HIGH);  //F
        digitalWrite (8, HIGH);  //G
        break;
        case 10:
        objeto = 0;
        break;
        } //fim switch
}//fim loop
```

8
Display LCD

Código ASCII

Sempre que apertamos uma tecla do computador para escrever alguma coisa na tela, o teclado estará enviando para a CPU um código de 8 *bits* que representa aquele determinado caractere. A esse código de 8 *bits* chamamos de código ASCII.

Quando desejamos escrever algum caractere no LCD, o Arduino deve enviar o código de 8 *bits* referente àquele caractere para o circuito interno do LCD.

Display LCD

Um *display* LCD (Display de Cristal Líquido) possui um circuito interno que irá se comunicar com o Arduino para escrever o que se deseja na tela.

O LCD que utilizaremos será um do tipo 16x2 (16 caracteres em 2 linhas).

A pinagem pode mudar, dependendo do modelo do LCD.

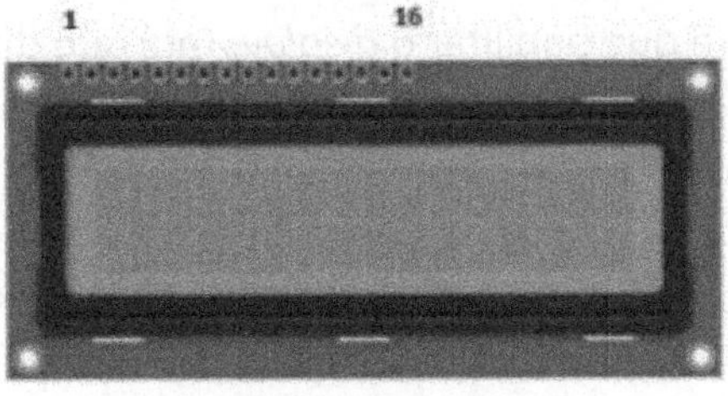

Figura 25: LCD 16x2

A pinagem do LCD 16x2 (Figura 25) é:

1. **VSS:** terra do *display* (GND).
2. **VDD:** alimentação (+5V).
3. **VEE:** ajuste de contraste (este pino deve ser ligado ao pino central de um potenciômetro, cujas extremidades estão ligadas em GND e 5V).
4. **RS (*register select*):** um mesmo dado que será enviado pelo Arduino ao *display* pode ser um caractere ou um comando (mudar de linha, apagar uma linha, apagar um caractere etc.). Através deste pino o Arduino irá dizer ao LCD se a informação que está chegando é um ou outro.
5. **RW (*read write*):** o Arduino pode enviar um dado para ser escrito no LCD ou pode ler um dado da CPU do *display*.
6. **E – (*Enable*):** através deste pino o Arduino habilita o LCD a funcionar.
7. **Pinos 7 ao 14 (D0 a D7):** pinos de dados. Através destes pinos é enviada uma informação de 8 *bits* que corresponde a um caractere ou a um comando no código ASCII. A IDE do Arduino, porém, usará apenas quatro desses pinos (D4 a D7), pois ele utiliza uma técnica de multiplexação: envia os primeiros quatro *bits*, depois envia os outros quatro *bits* pelos mesmos pinos.
8. **Pinos 15 e 16 (*backlight*):** alguns LCDs possuem ainda mais dois pinos para iluminação. Estes dois pinos estão ligados a um LED, sendo o pino 15 o catodo e o pino 16 o anodo.

Aconselha-se a colocar um resistor da ordem de 220Ω em série com o LED para que o brilho não seja excessivo nem dificulte a visualização dos caracteres.

Bibliotecas

Você deve estar pensando: "mas que trabalheira deve ser para escrever um caractere no *display*! O Arduino terá que habilitar o *display*, terá que dizer se irá escrever ou ler um dado, terá que dizer se irá enviar um caractere ou um comando, terá que enviar o caractere.... que trabalheira!"

Sim, existe um conjunto de instruções para escrever um caractere no LCD, porém alguém já fez todo esse conjunto de instruções um dia e disponibilizou para você não ter "essa trabalheira toda" novamente.

A esse conjunto de instruções é que chamamos de **biblioteca**.

A IDE do Arduino já tem uma biblioteca para o LCD – é só você a incluir no cabeçalho do programa e pronto!

No caso desta biblioteca do LCD, o Arduino terá apenas que dizer o que quer escrever e em qual linha que a biblioteca se encarrega de fazer o resto.

Como define o site do Arduino:

> *O ambiente Arduino pode ser estendido através do uso de bibliotecas, assim como a maioria das plataformas de programação. As bibliotecas fornecem funcionalidade extra para uso em esboços, por exemplo, trabalhando com hardware ou manipulando dados. Para usar uma biblioteca em um esboço, selecione-o no Sketch > Import Library. Várias bibliotecas vêm instaladas com o IDE, mas você também pode baixar ou criar a sua (ARDUINOCC, s.d.).*

Orientando objetos

Segundo o site Macoratti.net, "o termo orientação a objetos significa organizar o mundo real como uma coleção de objetos que incorporam estrutura de dados e um conjunto de operações que manipulam estes dados" (MACORATTI, s.d.).

Vamos dar um exemplo bem básico disso na linguagem C. Vamos fazer piscar dois LEDs com o Arduino.

```
void setup ( ) {
pinMode (7, OUTPUT);
pinMode (8, OUTPUT);
}
void loop ( ) {
digitalWrite (7, HIGH);
delay (500);
digitalWrite (7, LOW);
delay (500);
digitalWrite (8, HIGH);
delay (500);
digitalWrite (8, LOW);
delay (500);
}
```

Agora vamos dizer que foi criada uma biblioteca chamada "pisca_led" onde existe a função "pisca_tempo( )" no qual você só tem que criar um "objeto" (ou uma "instância") para direcionar qual LED você quer que pisque e em qual tempo.

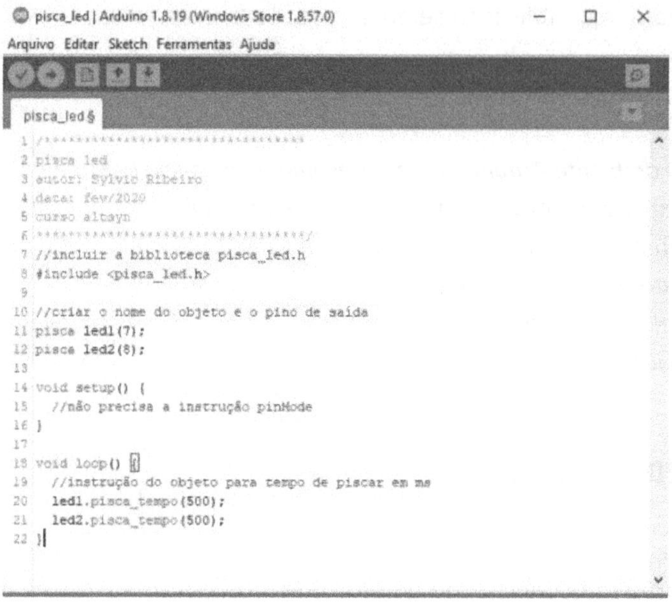

Figura 26: Programa com a biblioteca PISCA_LED

No exemplo da Figura 26, *led1* e *led2* são os objetos criados que irão orientar em quais pinos os LEDs piscarão. Assim, a função *.pisca_tempo( )* fará todas as instruções para piscar o LED, em um tempo de 500ms; primeiro no pino 7 e depois no pino 8 (pinos aos quais os objetos *led1* e *led2* estão associados, respectivamente).

Programando o Arduino para o LCD

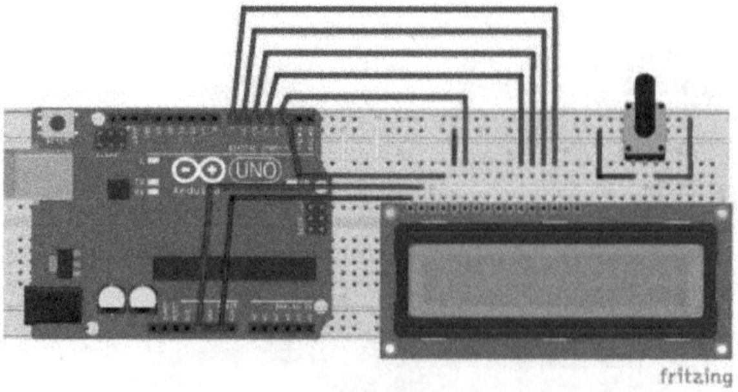

Figura 27: Circuito Arduino + LCD

No circuito proposto da Figura 27 estão as ligações necessárias para o funcionamento com a biblioteca do LCD; entretanto, o LED do *backlight* não está ligado no circuito (como o *display* é verde e escreve com letras pretas, dispensamos o *backlight*). Caso seja necessário, faça a ligação do anodo do LED para o 5V do Arduino através de um resistor de 220Ω e o catodo do LED direto para o GND.

O pino do contraste está conectado no pino central do potenciômetro de 10kΩ e seus pinos dos extremos estão conectado no 5V e GND. Não se preocupe com a polaridade, pois o potenciômetro é apenas um resistor variável.

O pino RW será conectado ao GND, pois a biblioteca já consegue sincronizar o tempo de escrita dos caracteres sem necessitar de uma resposta do circuito do *display*.

Vamos praticar...

Lista de material

- Arduino Uno
- *Display* LCD 16x2
- *Protoboard*
- Fios *jumper*
- Potenciômetro 10kΩ

Instruções para o LCD

A primeira coisa que temos de fazer, antes mesmo do *void setup*, é incluir a biblioteca do LCD no programa.

```
#include <LiquidCrystal.h>
```

Ainda antes do *void setup*, temos que dizer para o Arduino quais serão os pinos de RS, EN, D4, D5, D6 e D7, nessa ordem.

```
LiquidCrystal lcd (2, 3, 4, 5, 6, 7);
```

No caso, "lcd" é o objeto que foi criado para orientar os pinos que trabalharão com o *display*.

Dentro do *void setup*, temos que inicializar a biblioteca dizendo qual tipo de *display* que usaremos (coluna, linha).

```
lcd.begin(16,2);
```

Ainda dentro do *void setup* é sempre bom inicializarmos o LCD para que ele limpe todo o *display* e coloque o cursor na primeira coluna da primeira linha (0, 0).

```
lcd.clear();
```

Para escrevermos algo, temos apenas que utilizar a função *lcd.print*:

```
lcd.print ("curso de arduino");
```

Para mudarmos de linha ou direcionarmos o cursor, temos que dar as coordenadas para onde queremos que ele se localize.

```
lcd.setCursor (0,1); /* direcionando o cursor na coluna 0 (primeira
coluna) da linha 1 (segunda linha)*/
```

Instrução para o *display* deslocar toda a escrita uma casa à direita.

```
lcd.scrollDisplayRight();
```

Instrução para o *display* deslocar toda a escrita uma casa à esquerda.

```
lcd.scrollDisplayLeft();
```

Programa completo

```
#include <LiquidCrystal.h>
LiquidCrystal lcd (2, 3, 4, 5, 6, 7);
void setup ( ) {
lcd.begin(16,2);
lcd.clear();
lcd.print ("Teste do Display...");
delay (3000);
lcd.print ("8888888888888888");
lcd.setCursor (0,1);
lcd.print ("8888888888888888");
delay (3000);
lcd.clear();
lcd.print ("  Ola Mundo !");
delay (3000);
lcd.clear();
}
void loop ( ) {
lcd.setCursor (0,0);
```

```
lcd.print ("Curso de Arduino");
lcd.scrollDisplayRight();
delay (1000);
}
```

Módulo I²C para o *display* LCD

Com esse módulo, você consegue controlar um *display* LCD, seja ele 16×2 ou 20×4, utilizando apenas dois pinos do Arduino: o pino A4 (SDA) e o pino A5 (SCL), que formam a interface de comunicação I²C.

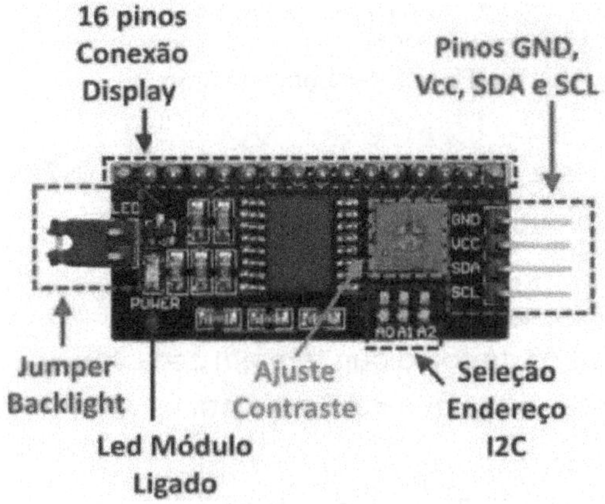

Figura 28: Módulo I²C para LCD

Segundo um artigo da Universidade Federal do Vale do São Francisco,

> *O protocolo I²C descreve o funcionamento de um barramento de comunicação serial que utiliza apenas dois fios. Inventado pela Philips no início da década de 90, este protocolo é muito utilizado para conectar periféricos de baixa velocidade a placas-mãe, microcontroladores e afins (CAMARA, 2013).*

O protocolo I²C se caracteriza por ter somente duas linhas de comunicação, uma linha onde são enviados e recebidos dados, a qual denomina-se *Serial Data* (SDA), e outra com o *clock* que irá sincronizar a conversa entre os circuitos, chamado de *Serial Clock* (SCL).

Possui ainda mais duas linhas entre os circuitos, que levam alimentação para as placas, que são os linhas de VCC (positivo) e GND (negativo) da fonte.

A linha de *Serial Data* é bidirecional, quer dizer, informações vão e voltam por ela.

A linha de *Serial Clock* é unidirecional, ou seja, um dos circuitos, também chamado de MESTRE (MASTER), gerará o *clock* para sincronizar a conversa com todos os outros circuitos (ESCRAVOS ou SLAVES). O mesmo MESTRE pode se comunicar com vários ESCRAVOS; basta, pela linha de dados, ele enviar o endereço do ESCRAVO com o qual deseja conversar. O circuito que reconhecer tal endereço prosseguirá com a transferência de dados.

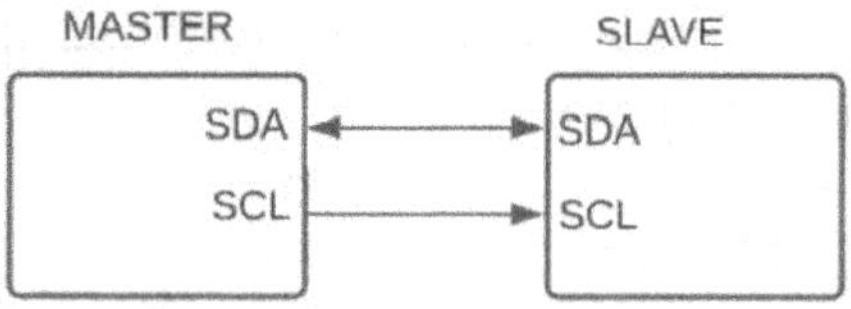

Figura 29: Comunicação I²C

A linha de endereço deste módulo vem com o endereço 0x27, mas pode ser alterado fazendo a combinação entre os pinos A0, A1 e A2 do módulo.

Para alterar o endereço, basta, com o auxílio de um ferro de solda, "jampear" no módulo os dois pontinhos de solda que tem em cada linha de endereço deste. Cada linha "jampeada" representa um nível 0 no pino.

Tabela 7: Configuração do endereço do módulo

Endereço	A0	A1	A2
0x20	0	0	0
0x24	0	0	1
0x22	0	1	0
0x26	0	1	1
0x21	1	0	0
0x25	1	0	1
0x23	1	1	0
0x27	1	1	1

Já existe no mercado o módulo I²C soldado direto no *display* LCD, facilitando a vida do projetista. É só procurar por "*Display* LCD com módulo I2C".

O hardware

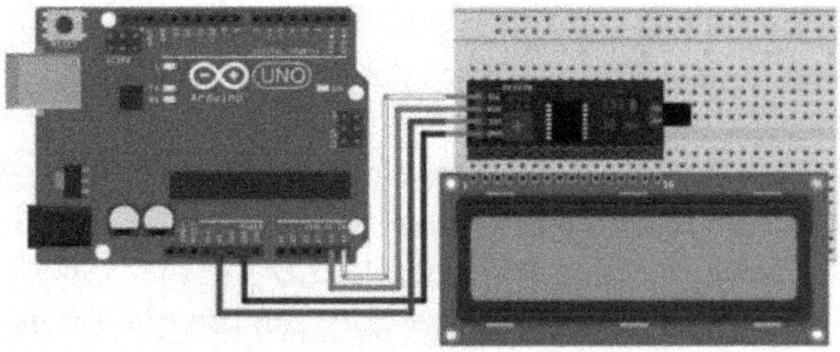

Figura 30: Circuito LCD + módulo I²C

Para a programação do Arduino, é necessário que se utilizem as bibliotecas **Wire** (para comunicação I2C) e a **LiquidCrystal_I2C**.

Porém, a biblioteca "LiquidCrystal_I2C.h" não vem com o Arduino, sendo necessário baixá-la no "Gerenciador de Bibliotecas" do programa. Para acessá-lo, você deve clicar em Sketch → Incluir Biblioteca → Gerenciar Bibliotecas.

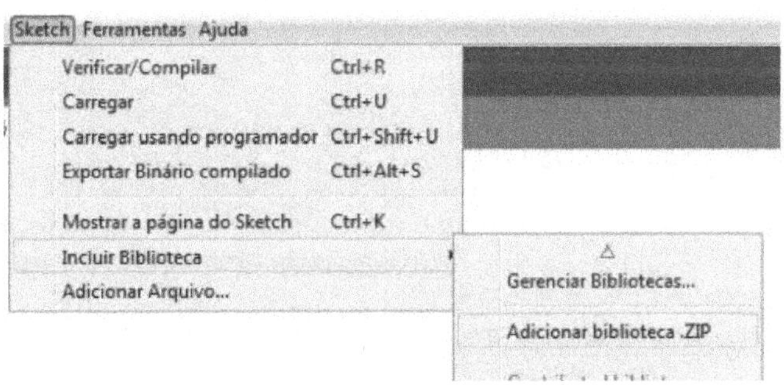

Figura 31: Adicionando uma biblioteca na IDE

Agora escreva no tópico "liquidcrystal i2c" e baixe a biblioteca.

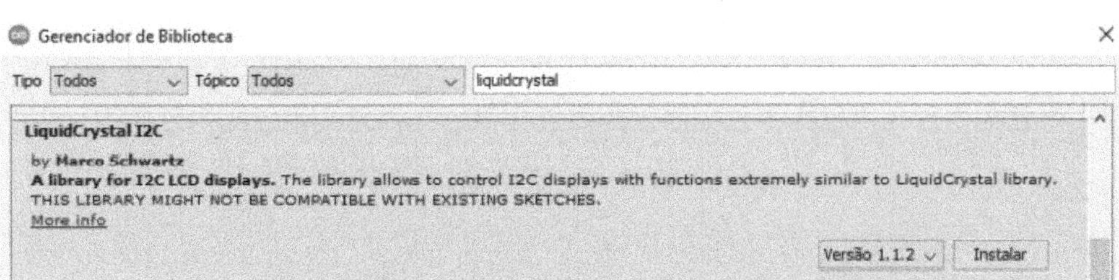

Figura 32: Baixando a biblioteca LiquidCrystal I2C

No programa deve-se fazer:

- Incluir as bibliotecas.
- Criar o objeto LiquidCrystal_I2C lcd (0x27,16,2) – aqui deve entrar o endereço do módulo e o tipo de *display* (no caso, 16x2).
- No *void setup*, fazer o *lcd.init( )* para inicializar a biblioteca e o *lcd.backlight( )* para acender a luz de fundo do *display*.
- As outras instruções são as mesmas do LCD.
- Um conselho que podemos dar é que, sempre que for escrever alguma *string* (conjunto de caracteres) em um *display* LCD, complete toda a linha com espaços. Por exemplo, a palavra CURSO tem cinco caracteres, então aconselha-se colocar cinco espaços de um lado e seis do outro para completar toda a linha. Com isso, como estamos dentro do *void loop*, evitamos que, caso escrevamos depois outras palavras com menos caracteres, que sobrem letras da palavra anterior na tela.

Programa completo

```
#include <Wire.h>
#include <LiquidCrystal_I2C.h>
LiquidCrystal_I2C lcd (0x27,16,2);
void setup ( ) {
lcd.init ( );
lcd.backlight ( );
}
void loop ( ) {
lcd.setCursor(4, 0);
lcd.print("     CURSO      ");
lcd.setCursor(4, 1);
lcd.print("     ALTSYN     ");
}
```

9
Sensor de ultrassom

Introdução

O ultrassom é uma forma de onda mecânica que está acima da faixa de frequência audível humana (aproximadamente de 20hz a 20khz).

Segundo Marques, ultrassom tem as mesmas características de qualquer onda sonora. Segundo o autor,

> *Pulsos de ultrassom são gerados por cristais especiais (como o quartzo puro), que podem vibrar quando percorridos por uma corrente elétrica conveniente. Dessa forma, é possível gerar pulsos de ultrassom com frequências de vários MHz e com duração de apenas alguns milionésimos de segundo. Ondas de ultrassom se propagam da mesma maneira que as ondas sonoras audíveis. Elas sofrem todos os fenômenos de reflexão, refração, difração e interferência, como todas as ondas (MARQUES, s.d.).*

Todo sensor é responsável pela transmissão e recepção de dados entre o microcontrolador e o mundo externo. No caso, o sensor de ultrassom envia ondas ultrassônicas a todo instante para verificar um eventual bloqueio e assim enviar dados ao Arduino.

Sensor HR-S04

Figura 33: Sensor HR-S04

Os terminais do ultrassom:

- VCC: alimentação de 5 V.
- TRIGGER: gatilho para o funcionamento do sensor.
- ECHO: resposta do sensor.
- GND: terra 0V.

Parâmetros elétricos:

- Tensão de trabalho: DC 5 V.
- Corrente de trabalho: 15 mA.
- Frequência de trabalho: 40 kHz.
- Distância máxima: 4 m.
- Distância mínima: 2 cm.
- Ângulo de trabalho: 15°.
- Sinal de entrada do TRIGGER: pulso TTL de 10 us.
- Sinal de saída no ECHO: sinal de nível de entrada TTL e o intervalo de proporção.

O diagrama de tempo é mostrado a seguir.

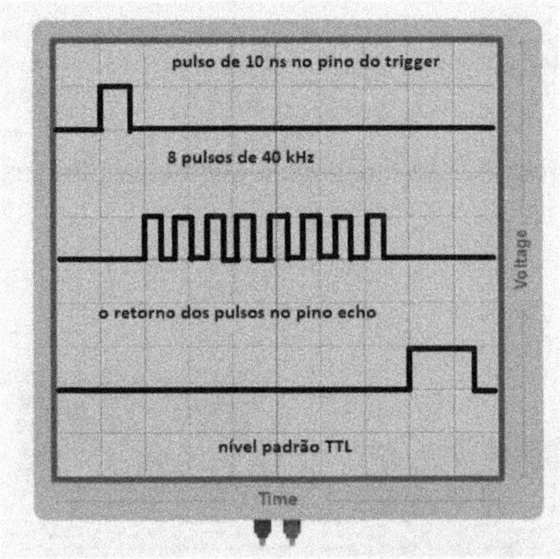

Figura 34: diagrama de tempo do ultrassom.
Fonte: adaptado de ALLDATASHEET (s.d.)

Para ativá-lo é necessário enviar um pulso de 10 µs (microssegundos) para ativar o sensor, e logo em seguida este enviará um ciclo de 8 explosões de ultrassom. Como a velocidade do som é 340 m/s ou 29 µs/cm, podemos calcular facilmente o tempo percorrido por este pulso (tempo de voo):

29 µs ______________________ 1cm
Tempo ______________________ Distância
Tempo = Distância x 29µs

Como no ultrassom o *timer* contará o tempo de ir e voltar, temos que dividir então esse tempo por 2.

Tempo / 2 = Distância x 29µs
Tempo = Distância x 29µs x 2
Tempo = Distância x 58µs

Mas eu vou precisar fazer esse cálculo todo para saber a distância?

Claro que não! Já existe uma biblioteca que faz isso tudo e você terá apenas que orientar um objeto para isso.

Porém, a biblioteca "ultrasonic" não vem com o Arduino, sendo necessário baixá-la no "Gerenciador de Bibliotecas".

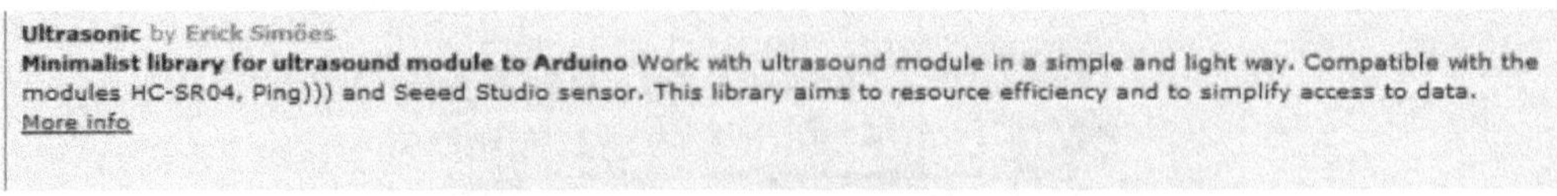

Figura 35: Adicionando a biblioteca Ultrasonic

Vamos praticar...

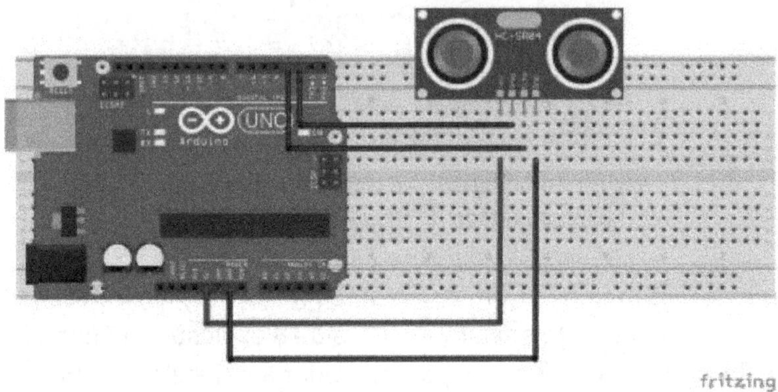

Figura 36: Circuito com sensor ultrassônico

Lista de material

- Arduino Uno
- *Protoboard*
- Sensor HR-S04
- Fios *jumper*

Para adicionar a biblioteca no programa, basta escrever:

```
#include <Ultrasonic.h>
```

Agora vamos criar um objeto com nome *ultrassom* e, na sequência, definir os pinos de *Trigger* e *Echo*.

```
Ultrasonic ultrassom (3, 4);
```

Agora vamos criar uma variável chamada *distancia*, do tipo int, onde será guardado o valor da distância em centímetros.

A instrução para medir a distância é:

```
int distancia = ultrassom.read( );
```

Programa completo

```
#include <Ultrasonic.h>
Ultrasonic ultrassom (3, 4);
void setup ( ) {
Serial.begin(9600);
}
void loop ( ) {
int distancia = ultrassom.read ( );
Serial.print ("Distância =   ");
Serial.print (distancia);
Serial.println ("   cm ");
delay (1000);
}
```

Ih! Não funcionou!

Um detalhe importante: existem vários sites na internet onde você pode baixar bibliotecas zipadas. Para incluí-las no seu programa basta clicar em Sketch → Incluir Biblioteca → Adicionar biblioteca ZIP. Após isso busque o arquivo no local em que você baixou no seu computador e a inclua. Caso você tenha optado por esse recurso, no lugar de ter baixado a biblioteca no "Gerenciador de Bibliotecas", cuidado, pois temos várias bibliotecas com o mesmo nome disponível na web, por exemplo, Ultrasonic.h, mas com funções diferentes. Normalmente as bibliotecas vêm com exemplos de *sketch*. Verifique um dos exemplos para aprender a utilizá-la. É só você clicar em Arquivo → Exemplos e procurar por um exemplo da biblioteca que deseja. Lá estarão as funções corretas que devem ser utilizadas para aquela biblioteca.

10
Ponte H

Introdução

O que é a ponte H?

É um circuito eletrônico que pode determinar o sentido da corrente em um dado sistema. Tem como principal função o controle de velocidade e sentido de motores DC. O termo ponte H é derivado da representação gráfica típica deste circuito.

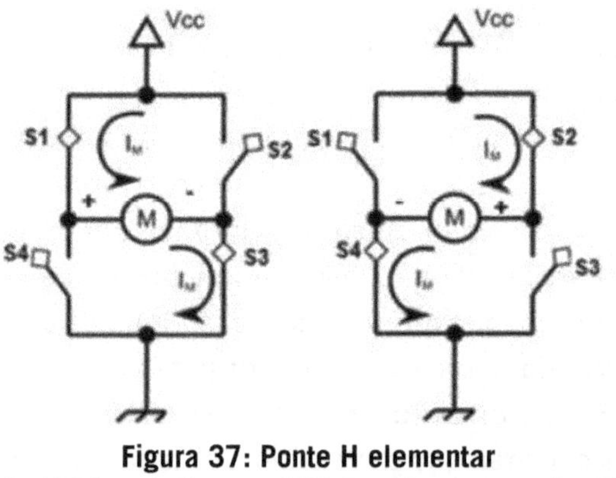

Figura 37: Ponte H elementar
(Fonte: IF-SC, 2021, sob licença GNU Free Documentation License 1.2)

A Figura 37 esboça uma ponte H elementar utilizando chaves (S1, S2, S3 e S4) para o acionamento de um motor elétrico e a inversão de rotação. Em um motor elétrico de corrente contínua (DC), basta inverter sua polaridade para que haja a inversão de rotação. Sendo assim, se as chaves S1 e S3 forem acionadas, o motor irá girar em um sentido, e se acionarmos S2 e S4, o motor girará no outro.

Esse circuito é apenas para análise, pois se as chaves S1 e S4 forem acionadas simultaneamente, irá ocasionar um curto-circuito na fonte de alimentação. Isso vale também para S2 e S3 ou para um acionamento simultâneo de todas as chaves.

E como funciona na prática?

Temos um circuito eletrônico que funciona com transistores.

Existem dois tipos de transistores: o NPN e o PNP.

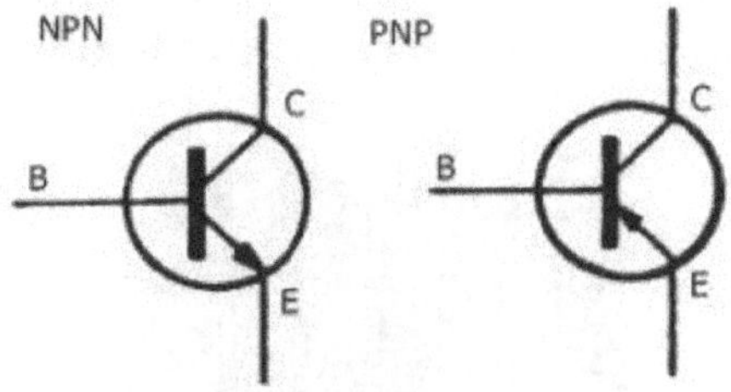

Figura 38: Simbologia do transistor bipolar

O transistor NPN funciona como chave fechada quando aplicado nível alto na sua base. O PNP, ao contrário, funciona quando aplicamos nível baixo na sua base.

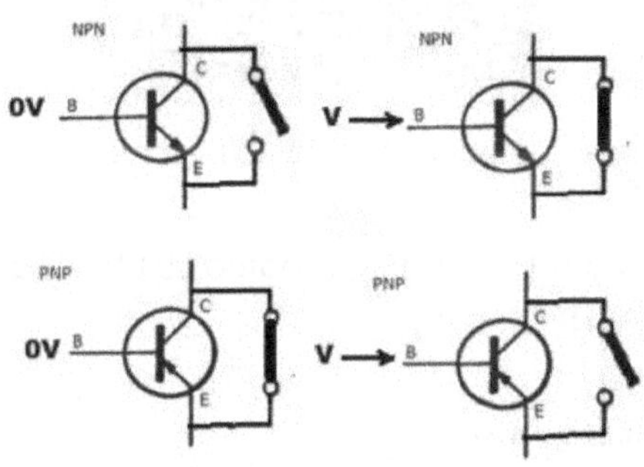

Figura 39: Transistor atuando como chave eletrônica

A seguir, então, temos o circuito de uma Ponte H transistorizada formada por dois transistores NPN e dois PNP. Dessa forma, não corremos o risco de curto-circuito na fonte de alimentação, pois só conseguimos acionar um transistor de cada lado.

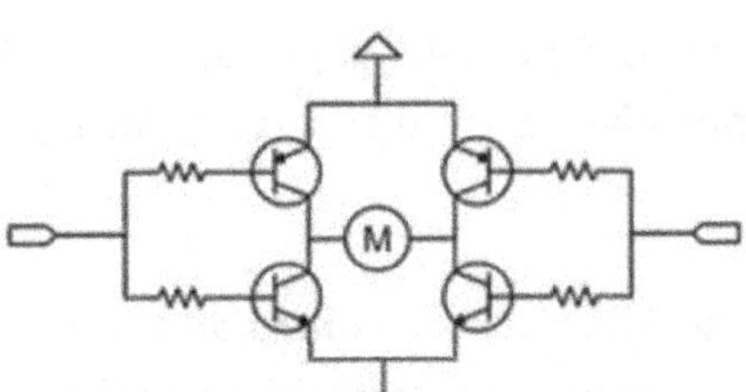

Figura 40: Ponte H com transistores (fonte: adaptado de Mauricio, 2013)

Módulo ponte H

> *O módulo driver de motor de 2 canais L9110S é uma placa compacta que pode ser usada para conduzir pequenos robôs. Este módulo tem dois chips de driver de motor independentes com até 800mA de corrente contínua cada unidade. As placas podem ser operadas de 2,5V a 12V, permitindo que este módulo seja usado com microcontroladores de 3,3V e 5V (ALLDATASHEET, s.d.).*

Figura 41: Módulo ponte H

Na Figura 41, temos uma ponte H dupla, modelo L9110s, cuja pinagem, da esquerda para direita, é: (ALLDATASHEET, s.d.)

1. Controle Motor B – in A
2. Controle Motor B – in B
3. GND
4. VCC (2.5V a 12V)
5. Controle Motor A – in A
6. Controle Motor A – in B

Conforme o esquema elétrico, Figura 42, segundo o *datasheet* do componente, as entradas são acionadas por nível baixo e sua velocidade poderá ser controlada por PWM.

> *Um sinal PWM é usado para controlar a velocidade de um motor e uma saída digital é usada para mudar sua direção. Este módulo também pode ser usado para acionar um único motor de passo bifásico de quatro linhas (ALLDATASHEET, s.d.).*

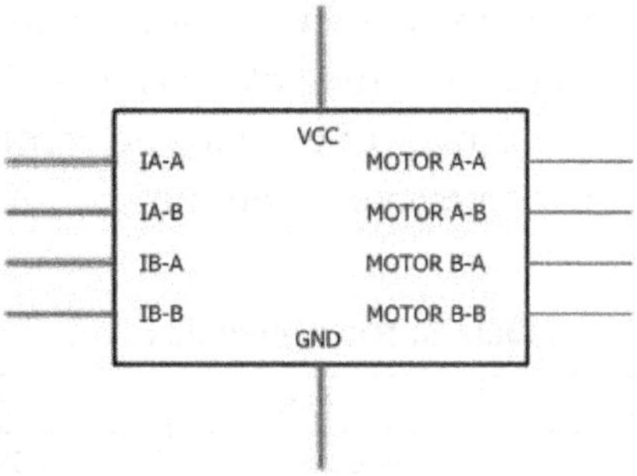

Figura 42: Diagrama elétrico da ponte H L9110.
Fonte: adaptado de ALLDATASHEET, s.d.

O programa

O programa teste consiste em girar os motores no sentido horário, simulando um movimento de robô para frente.

O primeiro passo é declarar uma variável do tipo *byte* e atribuir um valor para o controle de velocidade. Ao valor, que pode variar de 0 a 255, será atribuído 127.

```
byte velocidade = 127;
```

No *void setup*, serão configurados quatro pinos como saída digital, porém neles será utilizada a função de PWM. Sendo assim, a escolha deve coincidir com os pinos com ~. No exemplo foram escolhidos os pinos 5, 6, 9 e 10.

```
void setup ( ) {
pinMode (5, OUTPUT);
pinMode (6, OUTPUT);
pinMode (9, OUTPUT);
pinMode (10, OUTPUT);
}
```

No *void loop*, nos pinos de controle do motor 1 (pinos: 5 e 6), será escrito nível baixo no pino 5 e o valor de PWM (variável velocidade) no pino 6. Essas instruções serão repetidas para o controle do motor 2 (pinos: 9 e 10).

```
void loop ( ) {
digitalWrite (5, LOW);
analogWrite (6, velocidade);
digitalWrite (9, LOW);
analogWrite (10, velocidade);
}
```

Esse programa teste é apenas para identificar o sentido do giro do motor. Se os motores girarem no sentido horário, está tudo ok, mas se um dos motores estiver com o seu giro em anti-horário, é só inverter os pinos de controle. A partir desse teste podemos criar uma tabela para movimento do robô.

Tabela 8: Movimento do robô

Movimento	Pino 5	Pino 6	Pino 9	Pino 10
Frente	LOW	velocidade	LOW	velocidade
Ré	velocidade	LOW	velocidade	LOW
Direita	LOW	velocidade	LOW	LOW
Esquerda	LOW	LOW	LOW	velocidade
Parar	LOW	LOW	LOW	LOW

Para fazer o giro para a direita, basta parar o motor do lado direito e girá-lo do lado esquerdo que o robô irá girar no próprio eixo. O processo funciona de forma análoga para fazer o giro para a esquerda.

Na Figura 43, temos um modelo de robô para Arduino chassi 2WD, porém existem no mercado diversos modelos para protótipos. Podemos até mesmo criar com material reciclável o próprio robô – por exemplo, utilizando papelão, motores DC de aparelhos em desuso como DVD etc.

Figura 43: Chassis para protótipo de robô

Programa completo

O exemplo a seguir utilizará um sensor de ultrassom para detectar obstáculos à frente do robô. Como já foi dito no capítulo anterior, o sensor ultrassom emite um sinal sonoro inaudível e, ao detectar um obstáculo, o sinal retorna para este. Com isso, através do seu tempo de voo, obtemos a distância do objeto detectado.

A ideia é sempre tracionar o robô para frente e, quando detectar um obstáculo, tomar uma decisão: parar, dar ré, virar para a direita ou para a esquerda e seguir adiante.

Será colocada na variável *velocidade* o número 127. Caso deseje alterar a velocidade com que o robô se locomoverá, é só aumentar ou diminuir esse valor.

A distância escolhida para a detecção do obstáculo foi de 15 cm, podendo também ser alterada caso deseje.

```
#include <Ultrasonic.h>
Ultrasonic ultrassom (3, 4);

byte velocidade = 127;

void setup ( ) {
pinMode (5, OUTPUT);
pinMode (6, OUTPUT);
pinMode (9, OUTPUT);
pinMode (10, OUTPUT);
}

void loop ( ) {
int distancia = ultrassom.read (CM);
      if (distancia < = 15) {
      digitalWrite (5, LOW);
      digitalWrite (6, LOW);
      digitalWrite (9, LOW);
      digitalWrite (10, LOW);
      delay (1000);
      analogWrite (5, velocidade);
      digitalWrite (6, LOW);
      analogWrite (9, velocidade);
      digitalWrite (10, LOW);
      delay (1000);
      digitalWrite (5, LOW);
      analogWrite (6, velocidade);
      digitalWrite (9, LOW);
      digitalWrite (10, LOW);
      delay (500);
      digitalWrite (5, LOW);
      digitalWrite (6, LOW);
```

```
        digitalWrite (9, LOW);
        digitalWrite (10, LOW);
        }
    digitalWrite (5, LOW);
    analogWrite (6, velocidade);
    digitalWrite (9, LOW);
    analogWrite (10, velocidade);
    }
```

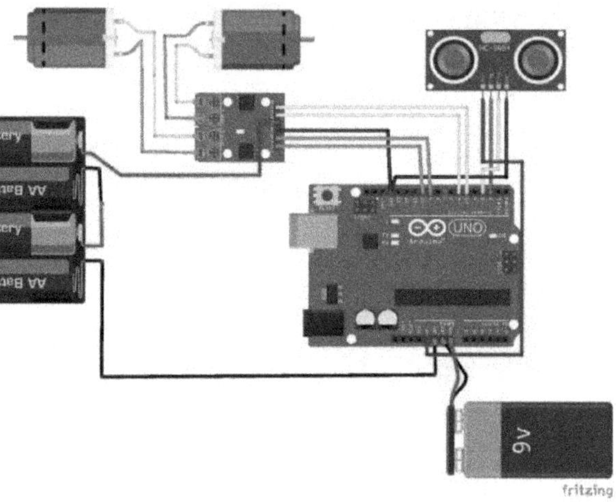

Figura 44: Esquema elétrico do robô

Para a fonte de alimentação do Arduino, normalmente utiliza-se uma bateria padrão de 9V, que será conectada no pino VIN. Para evitar interferência no Arduino, a fonte de alimentação dos motores é separada, com quatro pilhas de 1,5V (tipo AA) ligadas em série para obter um total de 6V. Portanto, é preciso ligar os polos negativos da bateria e das pilhas no mesmo ponto (GND), para equiparar as referências.

Figura 45: Robô com sensor ultrassom

11
Sensor de palmas

O sensor de palmas é um circuito que permite ao projetista ligar e desligar um equipamento com um simples bater de palmas.

Figura 46: Sensor de palmas

Lista de material

- Arduino Uno
- Sensor de som KY-038
- Módulo relé 5V – 1 canal

Sensor de som KY-038

Este sensor é provido de um microfone que capta o som ambiente e o transforma em um sinal elétrico. Possui uma saída digital (D0) e outra analógica (A0).

O trimpot azul, que deve ser ajustado com uma chave de fenda apropriada, irá variar a amplitude do sinal proveniente do microfone alterando o resultado final das duas saídas. Na saída digital ele irá variar a sensibilidade do circuito, quer dizer, variando o trimpot o usuário mudará a intensidade que o som deverá ter para levar a saída para nível alto, determinando se o sistema ativará com qualquer barulho ou somente com um som bem alto. Na analógica, a amplitude do sinal irá alterar diretamente no pino de saída e a calibração deverá ser feita por software, no próprio programa.

Figura 47: Sensor de som KY-038

Esquema do projeto

Será utilizada a saída digital do sensor em uma entrada digital do Arduino. Nesta saída, sempre que um som for captado em determinada intensidade, ela irá gerar um nível alto. A saída do relé ficará em série com a lâmpada, agindo como chave liga-desliga. O sensor deverá ser ajustado para que, somente quando detecte um som mais alto, no caso as palmas, a saída mude para nível alto.

Para ligar e desligar a lâmpada utilizaremos um módulo relé de 1 canal.

O módulo relé é uma interface para proporcionar ao Arduino ligar cargas que trabalhem com correntes altas (esse modelo utilizado suporta até 10A).

Os módulos relés na realidade são chaves eletromecânicas que são ativadas por um nível lógico digital.

Figura 48: Dois exemplos de módulos relé de %v com 1 canal

Na Figura 48 vemos dois modelos de módulos relé: o da esquerda é um módulo que é ativo por nível baixo (LOW) cuja pinagem, da direita para a esquerda, é Entrada – GND – 5V. O da direita é ativo por nível alto e a pinagem é GND – 5V – Entrada.

Para que o Arduino possa ligar uma lâmpada, por exemplo, temos que fazer a seguinte ligação:

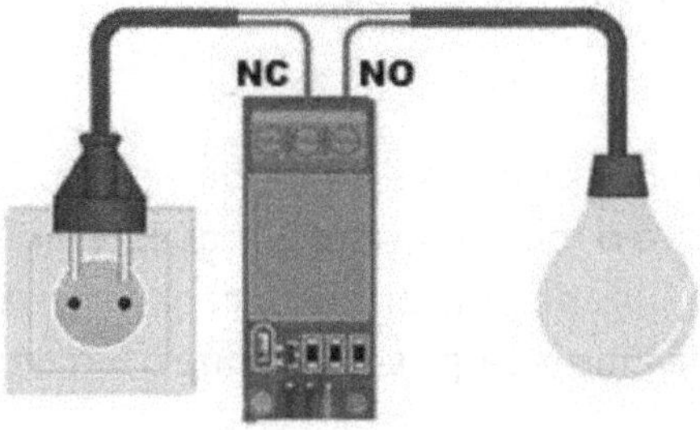

Figura 49: Ligação do relé com a lâmpada

Na Figura 49, interrompemos um dos fios da lâmpada e ligamos os terminais no NO (normalmente aberto) e no COMUM (terminal do meio). Assim, sempre que o relé for acionado, a chave fechará unindo os contatos da lâmpada que estavam abertos, fazendo passar corrente, ligando-a.

Caso tivéssemos ligado os dois contatos, um no NC (normalmente fechado) e o outro no COMUM, teríamos o efeito contrário: a lâmpada estaria acesa e, quando fosse acionada, o relé cortaria a corrente, apagando-a.

No projeto a seguir será utilizado o módulo relé que é acionado com nível lógico 0 (na Figura 48, o modelo da esquerda).

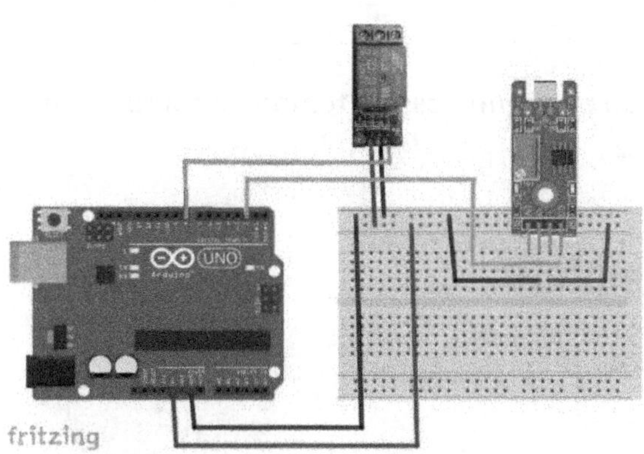

Figura 50: Esquema do sensor de palmas

Função *toggle*

A função *toggle* na programação mudará o nível do estado da saída sempre que alguém bater palma. Para isso deve-se criar inicialmente uma variável *boolean*, na qual se admitem apenas dois valores, alto ou baixo, que deve ser iniciada como nível alto (quando for alterada, durante o programa, para nível baixo, devido ao som, acionará o relé). Esta variável será nomeada *estado*.

```
boolean estado = HIGH;
```

No *void setup* serão definidos os pinos de entrada e saída. Deve-se previamente estipular o nível da saída para o relé como alto, porque, como ele ativa em nível baixo, certamente se não for realizada essa predefinição, corre-se o risco desta saída vir inicialmente com zero, ligando a carga sempre que o circuito for alimentado.

```
void setup ( ) {
pinMode(2,INPUT);
pinMode(8,OUTPUT);
digitalWrite(8,HIGH);
}
```

No *void loop*, a princípio será feita uma condicional *if* para verificar se o pino digital de entrada está em nível alto. Caso esteja, isso significa que alguém bateu palma. Assim que for detectado o sinal, o Arduino deve fazer uma função *toggle*, quer dizer, a variável *estado* deve ser invertida (*!estado*) e enviada para a saída do relé.

```
if ( digitalRead (2) ) {
estado = !estado;
digitalWrite ( 8, estado );
delay ( 500 );
}
```

O *delay* está servindo para que passe o tempo do ruído das palmas e não acione o relé mais de uma vez.

Programa completo

```
boolean estado= HIGH;
void setup() {
pinMode(2,INPUT);
pinMode(8,OUTPUT);
```

```
digitalWrite(8,HIGH);
}
void loop() {
if(digitalRead(2)){
estado=!estado;
digitalWrite(8,estado);
delay(1000);
}
}
```

Ih! Não funcionou!

Verifique se o sensor de palmas foi bem ajustado. Ele possui dois LEDs: o primeiro de alimentação, que deve ficar sempre ligado, indicando que o sensor está alimentado, e o segundo que só acenderá quando a saída for a nível alto.

A melhor maneira de ajustar essa sensibilidade é girar o trimpot até este segundo LED acender (ou apagar, caso ele já esteja aceso). Assim que acender, volte um pouco o trimpot até que ele apague. Bata palma e verifique se o LED vai piscar. A partir daí terá de ser realizado um ajuste fino na sensibilidade de acordo com a intensidade das palmas que se deseja para que a lâmpada acenda e apague.

É bom tomar cuidado com o trimpot que é um multivoltas. Isso quer dizer que talvez seja necessário realizar muitos giros no seu parafuso (para um lado ou para o outro, até achar o ponto de ajuste). Utilize uma minichave propícia.

12
RFID: identificador de rádio frequência

O que é RFID

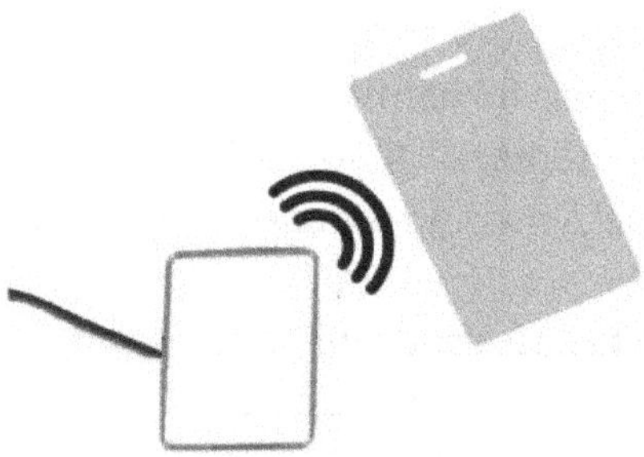

Figura 51: RFID

A tecnologia RFID, ou Identificação por Rádio Frequência, está cada vez mais comum no nosso dia a dia, seja nos cartões de embarque para transportes públicos como ônibus e metrô, seja para passar em pedágios nas estradas sem a necessidade de parar na cabine para realizar o pagamento, seja no acesso a quartos de hotéis onde um simples cartão lhe abre as portas.

A tecnologia se resume em dois módulos: um cartão ou etiqueta (*tag*) que possui um circuito interno passivo que para funcionar necessita de baixíssima corrente e um transmissor que irá lhe enviar dados através de rádio frequência. Como o circuito que está no cartão, como já dito, trabalha com uma corrente muito baixa, a própria RF que ele capta é o suficiente para que o alimente, possibilitando que este responda ao circuito através de um sinal digital codificado.

O mais interessante é que, dependendo da potência do transmissor, vários cartões poderão receber o sinal e responder ao mesmo tempo, possibilitando o diálogo destes com um transmissor.

Lista de material

- Arduino Uno
- Módulo RFID MFRC522
- Módulo relé 5V – 1 canal

O módulo RFID MFRC522

Figura 52: Módulo RFID MFRC522

Segundo o site da Mifare (s.d.), os cartões com padrão Mifare são "bilhetes inteligentes sem contato que operam no intervalo de frequência de 13,56 MHz com capacidade de leitura/gravação e conformidade com a norma ISO 14443".

Neste projeto será utilizado o módulo que usa o *chip* MFRC522. Geralmente ele já vem acompanhado de um cartão e de um chaveiro com as informações digitais gravadas em seu circuito interno.

Comunicação SPI

Para se comunicar com o Arduino, o módulo MFRC522 utiliza comunicação serial SPI. Segundo o professor Alan Petrônio Pinheiro, da Universidade Federal de Uberlândia,

> *O SPI adota um esquema de comunicação do tipo mestre/escravo e pode ser executado em modo "full duplex" (e.g., cada componente executando o SPI pode receber e transmitir dados ao mesmo tempo). Vale destacar que mesmo sendo um protocolo largamente difundido, ele não é padronizado por nenhuma entidade e por isto pode haver variações de uso dependendo do fabricante que emprega este protocolo (PINHEIRO, s.d.).*

Quando dois ou mais *chips* se comunicam utilizando o protocolo SPI, apenas um dos *chips* irá ditar o *clock* para sincronizar todos os outros. Este *chip* será chamado de Mestre (*Master*). Os outros, que são sincronizados, serão chamados de Escravos (*Slaves*).

Esse tipo de comunicação se caracteriza pela seguinte pinagem:

- O pino de *Chip Select* (CS) ou *Slave Select* (SS) seleciona especificamente com qual dos Escravos o Mestre gostaria de conversar, direcionando os dados.
- O pino *Serial Clock* (SCLK) do Mestre irá gerar o *clock* que será recebido pelos Escravos a fim de sincronizar toda a comunicação. Seu sentido é sempre do Mestre para o Escravo.
- O pino MOSI (*Master Output Slave Input*) ou DO (*Data Output*) envia as informações do Mestre para o Escravo.
- O pino MISO (*Master Input Slave Output*) ou DI (*Data In*) envia as informações do Escravo para o Mestre.

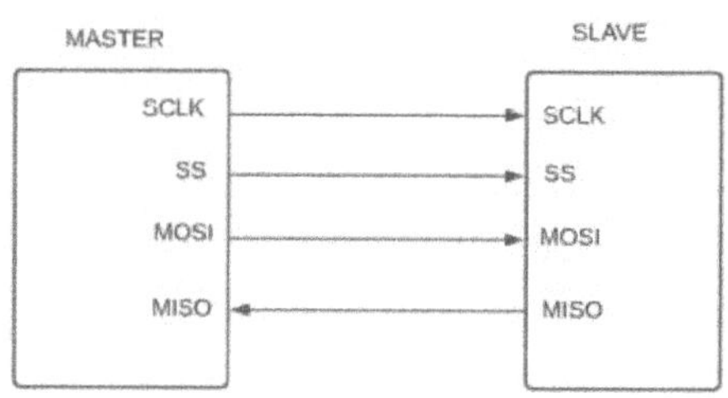

Figura 53: Protocolo de comunicação SPI

Ligação do módulo com o Arduino

A ligação do módulo com o Arduino fica da seguinte maneira:

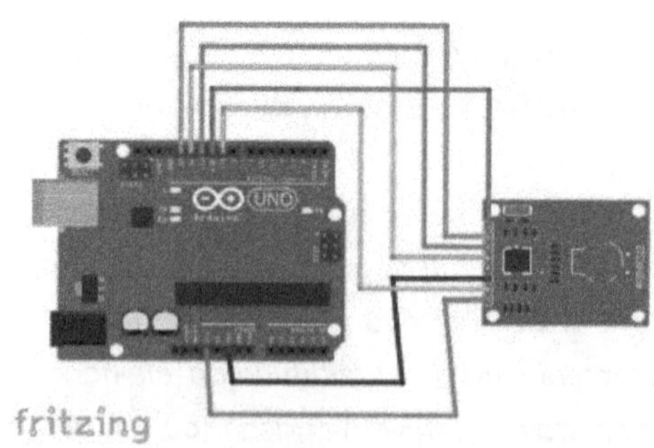

Figura 54: Ligação do módulo MFRC522 com o Arduino

O esquema segue a seguinte pinagem:

- SDA – Pino 10
- SCK – Pino 13
- MOSI – Pino 11
- MISO – Pino 12
- IRQ – Não utilizado
- GND – GND
- RST – Pino 9
- VCC – 3.3V

Array

Antes de iniciar o programa, é importante deixar clara a definição do conceito de um recurso de programação muito utilizado para guardar informações: o *array*.

Array é um recurso de programação com o qual é possível definir vários valores em diferentes endereços da mesma variável. É como se fosse uma variável que pode guardar vários valores dentro dela.

Exemplo de um *array*, nomeado *lista*, para guardar quatro variáveis de números inteiros:

```
int lista [4] = {4,8,1,5};
```

No *array* anterior temos quatro endereços:

- O endereço 0 do *array* contém o número 4;
- O endereço 1 do *array* contém o número 8;
- O endereço 2 do *array* contém o número 1;
- O endereço 3 do *array* contém o número 5.

Para acessar um valor do *array*:

```
x = lista [1];
```

A variável *x* assume o valor do conteúdo do endereço 1 do *array lista* – no caso do exemplo, *x* assume o valor 8.

Software para ler os códigos

Quando se compra o módulo não se sabe qual é a informação que foi gravada no cartão ou no chaveiro que vem junto com ele. Antes de fazer qualquer projeto, deve-se descobrir isso.

Deve ser realizado então um programa inicial só para ler e saber qual o número codificado que foi gravado em cada um deles.

A primeira coisa que se deve fazer é baixar a biblioteca MFRC522.h do módulo.

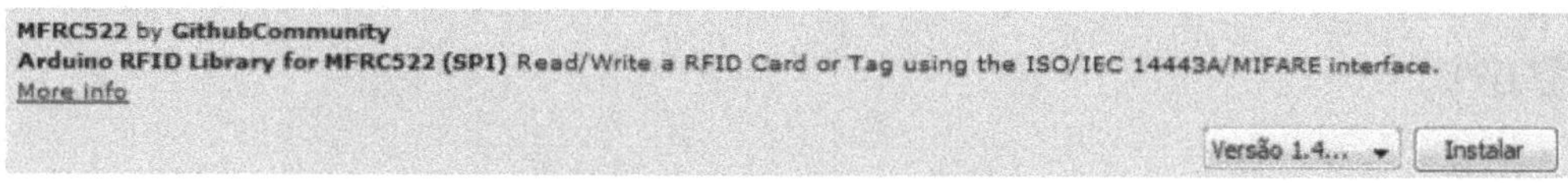

Figura 55: Biblioteca MFRC522

Essa biblioteca possui as seguintes funções:

- **objeto.PICC_IsNewCardPresent( )** – Retorna nível alto quando um cartão é reconhecido.
- **objeto.PICC_ReadCardSerial( )** – Retorna nível alto quando a informação é lida.

E as seguintes variáveis:

- **objeto.uid.uidByte[ ]** – *Array* onde ficará guardado o código lido.
- **objeto.uid.size** – Variável que contém o tamanho do código lido.

Onde *objeto* é a instância (objeto) criada.

O programa se iniciará incluindo a biblioteca da comunicação SPI e a do módulo MFRC522 (A biblioteca SPI.h não precisa ser baixada, pois já está contida na IDE do Arduino).

```
#include <SPI.h>
#include <MFRC522.h>
```

Após isso será criado o objeto *leitor* indicando quais serão os pinos de *Chip Select* (o qual ele chama de SDA na placa) e de *Reset*. Os outros pinos já vêm preestabelecidos na biblioteca: *Serial Clock* pino 13, MOSI pino 11 e MISO pino 12.

```
MFRC522 leitor(10, 9);
```

No *void setup* será inicializada a comunicação do monitor serial, a comunicação SPI e a biblioteca do módulo MFRC522.

```
void setup( ) {
Serial.begin(9600);
SPI.begin();
leitor.PCD_Init();
 }
```

No *void loop*, inicialmente o programa ficará "preso" em uma condicional *while*, até que ele reconheça um cartão próximo a ele. Este teste será realizado a cada 300ms.

```
void loop(){
while ( ! leitor.PICC_IsNewCardPresent()) {
delay(300);
}
```

Após reconhecer que há um cartão próximo, o programa novamente ficará "preso" até que ele leia o seu código.

```
while ( ! leitor.PICC_ReadCardSerial()) {
delay(300);
}
```

Uma vez lido o código do cartão, a informação será guardada automaticamente no array *leitor.uid.uidByte[ ]* e o tamanho dessa informação na variável *leitr.uid. size.* Para mostrar a mensagem lida no monitor serial, será realizado um laço *for* limitado pelo tamanho da mensagem expondo em ordem sequencial, através da instrução *print*, o conteúdo de cada endereço do *array*. Após escrever todo o código, o programa deixará o laço *for* e, através da instrução *println*, pulará para a próxima linha preparando-se para, caso se aproxime um novo cartão, escrever um novo código.

```
for (int i = 0; i < leitor.uid.size; i++) {
Serial.print(leitor.uid.uidByte[i]); }
Serial.println();
}
```

Programa completo

```
#include <SPI.h>
#include<MFRC522.h>
MFRC522 leitor(10,9);
void setup() {
Serial.begin(9600);
SPI.begin();
leitor.PCD_Init();
}
void loop() {
while(!leitor.PICC_IsNewCardPresent()) {
delay(300);
}
while(!leitor.PICC_ReadCardSerial()) {
delay(300);
}
for(int x=0;x<leitor.uid.size;x++) {
Serial.print(leitor.uid.uidByte[x]);
}
Serial.println();
}
```

Agora é só ligar o circuito, abrir o monitor serial no IDE do Arduino e aproximar o cartão do leitor que aparecerão os códigos gravados neste.

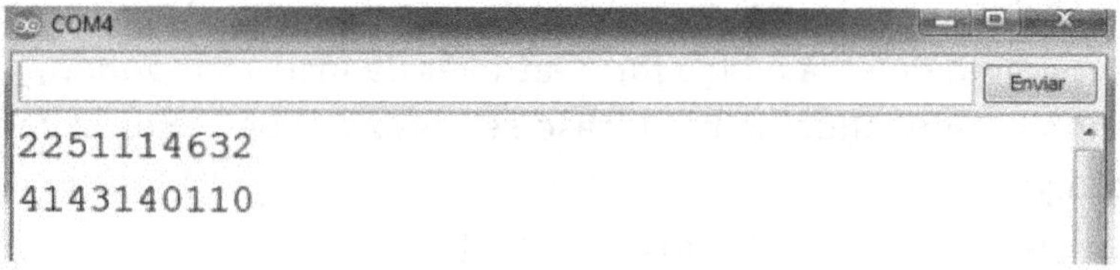

Figura 56: Leitura dos códigos do cartão e do chaveiro pelo sensor RFID MFRC522

Software para ativar uma carga

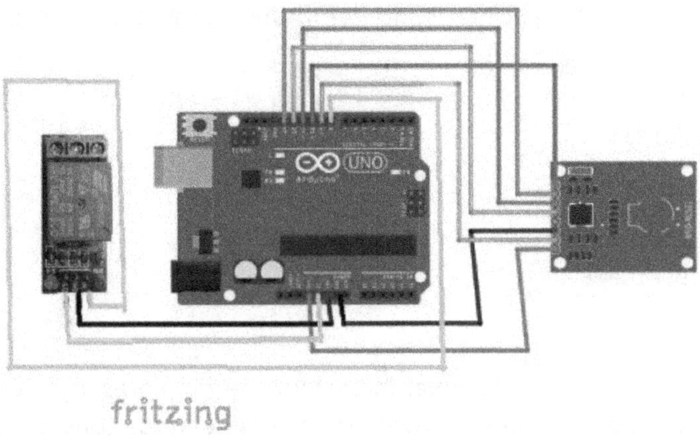

Figura 57: Esquema de um circuito para ativar uma carga através da leitura de um cartão RFID

Agora será realizado o seguinte programa: imagine que o número lido no cartão é 2251114632 e o número lido no chaveiro é 4143140110. O programa ligará uma lâmpada, acionada pelo relé, sempre que ler o cartão e desligará sempre que ler o chaveiro.

A princípio serão realizadas todas as inicializações que foram feitas no programa anterior, incluindo as bibliotecas e a criação do objeto.

```
#include <SPI.h>
#include<MFRC522.h>
MFRC522 leitor(10,9);
```

Para que o programa fique menos suscetível a erros, será criada uma variável a denominada *x*. Ela foi criada devido a um problema que estava ocorrendo com o projeto: algumas vezes notou-se que o leitor sentia a presença do cartão, mas, devido a alguma falha no sistema, não lia o código. Tendo em vista que a sua biblioteca só prossegue se, sequencialmente, primeiro ela sentir a presença do cartão e logo depois lê-lo, o software ficava preso nessa segunda condicional *while* (a que aguarda até que o código seja lido). Para evitar tal erro, a variável *x* será incrementada (dentro dessa segunda condicional) até o valor de 5 no programa. Se, dentro desse tempo que ele leva para incrementar a variável de 0 a 5, o programa não conseguir ler o código, ele sairá dessa condicional.

```
int x=0;
```

Em relação ao programa anterior, a única mudança no *void setup* é que agora terá que ser configurado um pino como saída para ligar e desligar o relé da lâmpada e garantir que ele irá inicializar desligado (lembrando que se ele inicializar com zero, irá ligar o relé).

```
void setup() {
Serial.begin(9600);
SPI.begin();
leitor.PCD_Init();
pinMode(8,OUTPUT);
digitalWrite(8,HIGH);
}
```

Dentro do *void loop* o programa aguardará o leitor sentir a presença do cartão e lê-lo. A única diferença agora é a presença da variável *x* na segunda condicional. Quer dizer, se ele ler o cartão e se *x* for menor que 5, ele sai da condicional *while*. Como o *delay* dado é de 300ms, o programa terá 1,5 segundo (1500ms) para ler o código (300 x 5); caso contrário, segue adiante. Não esquecer que essa variável deve ser zerada, para que, sempre que se chegue a essa condicional novamente, ela seja incrementada a partir do zero.

```
void loop() {
while ( ! leitor.PICC_IsNewCardPresent()) {
delay(300);
}
while ( ! leitor.PICC_ReadCardSerial() && x<5) {
delay(300);
x++;
}
x=0;
}
```

Agora será criada uma *String* não contendo nada, a qual chamaremos de *codigo*, para guardar a informação do cartão a fim de compará-la com os códigos já conhecidos na leitura do programa anterior.

```
String codigo= "";
```

Dentro do laço *for*, deve-se agora extrair cada número do código que está no *array* *leitor.uid.uidByte[ ]* e ir concatenando (juntando) todos eles dentro da *String codigo* usando a função *concat*.

```
for (int i = 0; i < leitor.uid.size; i++) {
codigo.concat(String(leitor.uid.uidByte[i]));
}
```

Finalmente, o programa irá comparar a *String codigo*, que agora tem o valor do código do cartão ou do chaveiro, com as *Strings* contendo os valores da leitura do primeiro programa, a fim de ligar ou desligar a lâmpada.

```
if (codigo == "2251114632") {  //aqui entra o código do cartão
digitalWrite(8,LOW); }
}
if (codigo == "4143140110") {  // aqui entra o código do chaveiro
digitalWrite(8,HIGH);
 }
```

Programa completo

```
#include <SPI.h>
#include<MFRC522.h>
MFRC522 leitor(10,9);
int x=0;
void setup() {
SPI.begin();
leitor.PCD_Init();
pinMode(8,OUTPUT);
digitalWrite(8,HIGH);
}
void loop() {
while(!leitor.PICC_IsNewCardPresent()) {
delay(300);
}
while(!leitor.PICC_ReadCardSerial() && x<5) {
delay(300);
x++;
}
x=0;
String codigo="";
for(int x=0;x<leitor.uid.size;x++) {
codigo.concat(String(leitor.uid.uidByte[x]));
}
if (codigo == "2251114632") {  //aqui entra o código do cartão
digitalWrite(8,LOW);
}
```

```
if (codigo == "4143140110") { // aqui entra o código do chaveiro
digitalWrite(8,HIGH);
}
}
```

Ih! Não funcionou!

Verifique se, quando foi criada a *String codigo*, por engano foi colocado um espaço entre as aspas. Se colocou, tire.

```
String codigo = ""   // correto
String codigo = " "   //errado
```

Verifique se as ligações entre o Arduino e o leitor estão corretas e se os fios todos estão nos pinos correspondentes.

Regrave o Arduino com o programa de leitura e veja se realmente ele está lendo e se foram colocados os códigos corretos do cartão e do chaveiro no programa.

13
Teclado matricial

O teclado matricial é um componente extremamente utilizado para controle de acesso. Com ele pode-se fazer senhas eletrônicas que, quando digitadas corretamente, abrem portas ou ativam qualquer coisa que se deseje.

Figura 58: Teclado matricial

Segundo o site da Saravati,

> *O Teclado Matricial de Membrana 16 Teclas 4x4 é uma interface de entrada de dados com conector de 8 vias (...) Seu funcionamento é simples. Internamente são 16 teclas push-buttons tipo membrana dispostos num formato keypad. Conforme a tecla é pressionada, é feita a conexão entre a linha e a coluna correspondentes (SARAVATI, s.d.).*

Para reconhecer a tecla pressionada, o circuito deve fazer uma matriz XY. Observe o desenho da Figura 59.

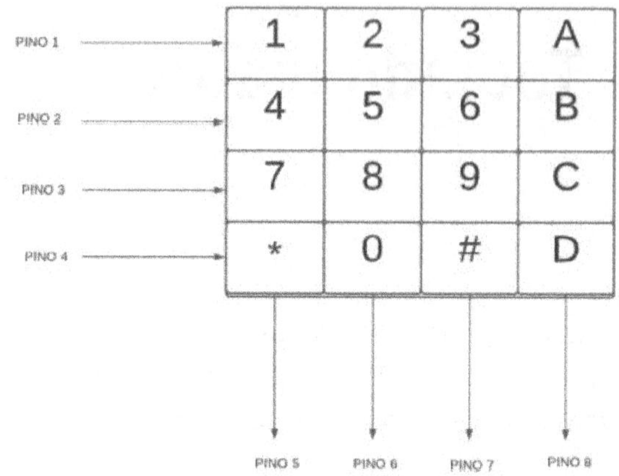

Figura 59: Esquema de funcionamento de um teclado matricial

Observando a figura, é fácil perceber que a tecla 1, quando acionada, junta o pino 1 do teclado com o pino 5 (linha x coluna); a tecla 2 junta o pino 1 com o 6; a tecla 5 junta o pino 2 com o 6; e assim por diante.

Assim, os pinos de 1 a 4 do teclado serão as entradas de tensão e os pinos do 5 ao 8 serão as saídas. Partindo desse princípio, o circuito ao qual está ligado deve fazer uma varredura. Como assim? O circuito irá colocar uma tensão no pino 1 do teclado e monitorar se esta chega em um dos pinos de saída. Logo depois irá retirar esta tensão do pino 1 e colocar no pino 2 e, novamente, monitorar a saída para ver se esta aparece em algum dos pinos. Isso será feito do pino 1 ao 4. Após chegar ao pino 4, reiniciará a varredura colocando a tensão outra vez no pino 1 e assim por diante. Se, por exemplo, quando o circuito colocar a tensão no pino 3, ele notar que essa tensão saiu lá no pino 7... bingo! Ele saberá que a tecla 9 foi apertada.

Lista de material

- Arduino Uno
- Teclado matricial 4x4
- Módulo relé 5V – 1 canal
- LED verde 5mm
- LED vermelho 5mm
- *Buzzer* ativo 5V
- 2 resistores de 220Ω

Programa para testar o teclado

O primeiro programa realizado neste capítulo será apenas para testar o teclado, quer dizer, ao apertar uma tecla, o *buzzer* tocará e aparecerá o seu número correspondente no monitor serial. A ligação do Arduino com o teclado será correspondente ao desenho a seguir:

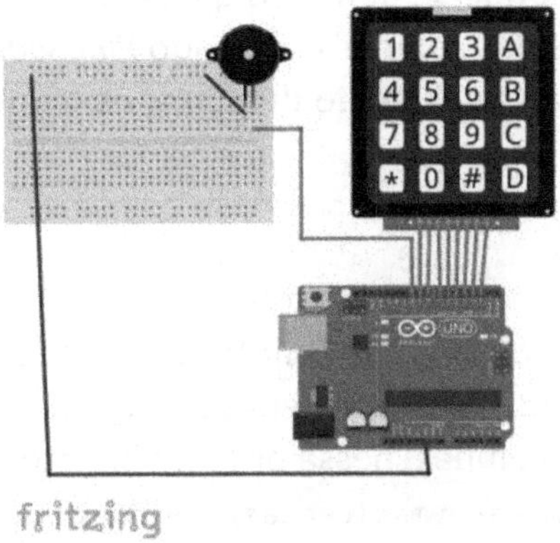

Figura 60: Ligação do teclado matricial com o Arduino

Para trabalhar com o teclado matricial deve-se baixar a biblioteca Keypad.h, criada pelos programadores Mark Stanley e Alexander Brevig e instalá-la no *sketch* do Arduino.

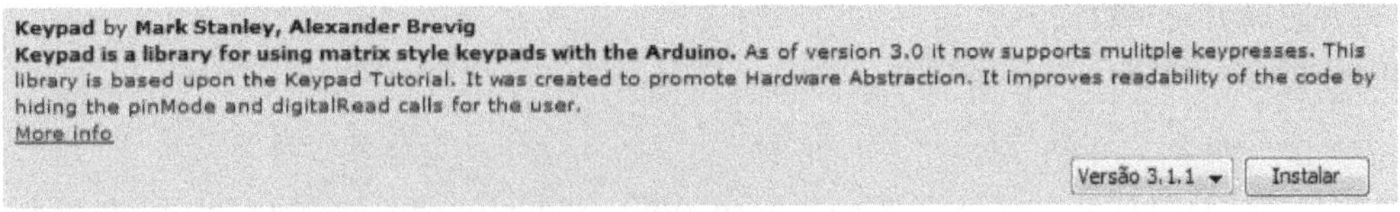

Figura 61: Biblioteca Keypad

A Keypad.h é uma biblioteca muito versátil e muito fácil de usar. É só seguir os passos:

Inclua a biblioteca no programa.

```
#include <Keypad.h>
```

Crie uma variável *char*, que será nomeada de *caracter*, para capturar um caractere.

```
char caracter;
```

A biblioteca Keypad.h permite que se crie uma matriz, um conjunto de *arrays*, a qual será nomeada de *teclas*, que irá definir tanto o tipo do teclado (4x4 ou 3x4) quanto quais caracteres que se deseja escrever ao apertar uma determinada tecla.

```
char teclas[4][4] = {
{'1','2','3','A'},
{'4','5','6','B'},
{'7','8','9','C'},
{'*','0','#','D'}
};
```

Serão criados dois *arrays* onde se definirão quais são os pinos das linhas (que chamaremos de *Pinoslinha*) e das colunas (nomeado *Pinoscoluna*) que serão utilizados no Arduino. No exemplo a seguir, serão definidos os pinos 9, 8, 7 e 6 para as linhas e os pinos 5, 4, 3 e 2 para as colunas.

```
byte Pinoslinha[4] = {9,8,7,6};
byte Pinoscoluna[4] = {5,4,3,2};
```

Será criado e orientado o objeto da biblioteca, o qual será nomeado de *teclado*, enviando para esta todas as definições feitas até agora. A informação *4,4* refere-se ao número de linhas e de colunas, nessa ordem obrigatoriamente.

```
Keypad teclado=Keypad( makeKeymap(teclas), Pinoslinha, Pinoscoluna, 4,4);
```

No *void setup* será iniciada a comunicação do monitor serial para mostrar o número das teclas apertadas e configurar o pino 10 como saída para ativar o *buzzer* toda vez que uma tecla for apertada.

```
void setup() {
Serial.begin(9600);
pinMode(10,OUTPUT);// Buzzer
}
```

O *void loop* inicia capturando um caractere, utilizando a função *.getKey( )* da biblioteca.

```
void loop ( ) {
caracter = teclado.getKey();
```

Para finalizar, deve-se programar uma condicional *if* de modo que, caso um caractere seja capturado (quer dizer, se o caractere for diferente de zero), o *buzzer* irá tocar um *bip* de 100ms, confirmando que a tecla foi realmente apertada, e o caractere correspondente será escrito no monitor serial.

```
if(caractere) {
digitalWrite(10,HIGH);
delay(100);
digitalWrite(10,LOW);
Serial.println(caractere);
}
```

Programa completo

```
#include <Keypad.h>
char caractere;
char teclas[4][4] = {
{'1','2','3','A'},
{'4','5','6','B'},
{'7','8','9','C'},
{'*','0','#','D'}
};
byte Pinoslinha[4]={9,8,7,6};
byte Pinoscoluna[4]={5,4,3,2};
Keypad teclado(makeKeymap(teclas),Pinoslinha,Pinoscoluna,4,4);
void setup() {
Serial.begin(9600);
pinMode(10,OUTPUT);// Buzzer
}
void loop() {
caractere=teclado.getKey();
if(caractere) {
digitalWrite(10,HIGH);
delay(100);
digitalWrite(10,LOW);
Serial.println(caractere);
}
}
```

Agora monte o circuito, acione o monitor serial, aperte uma tecla e verifique se o caractere correspondente aparece no monitor.

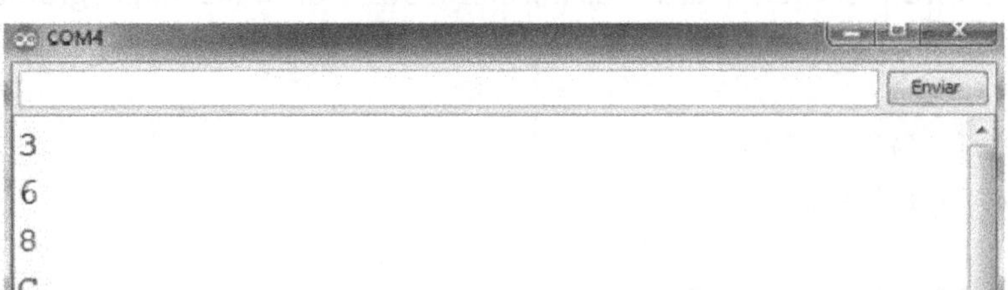

Figura 62: Leitura das teclas apertadas pelo monitor serial

Senha eletrônica

Neste programa será projetada uma senha eletrônica cujo algoritmo será o seguinte:

- A senha secreta terá 4 números
- Toda vez que se apertar uma tecla, o *buzzer* emitirá um *bip* confirmando que a tecla foi apertada.
- Caso acerte a senha, o LED verde irá piscar, o relé será acionado e a lâmpada se acenderá durante um tempo.
- Caso erre a senha, o LED vermelho piscará e o *buzzer* dará um longo *bip* indicando o erro.
- Caso erre a senha por mais de três tentativas, o sistema travará e somente voltará a funcionar caso seja resetado.

O esquema de ligação se encontra na Figura 63.

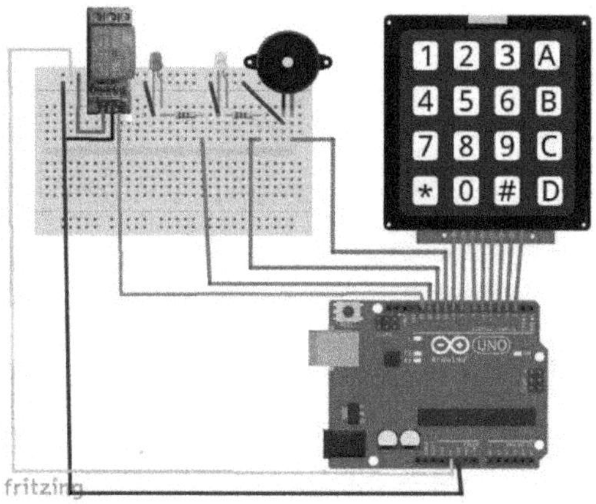

Figura 63: Esquema do circuito de uma senha eletrônica

A princípio, devem ser feitas todas as inicializações realizadas no programa anterior.

```
#include <Keypad.h>
char caractere;
char teclas[4][4]={
char teclas[4][4] = {
{'1','2','3','A'},
{'4','5','6','B'},
{'7','8','9','C'},
{'*','0','#','D'}
};
```

```
byte Pinoslinha[4]={9,8,7,6};
byte Pinoscoluna[4]={5,4,3,2};
Keypad teclado(makeKeymap(teclas),Pinoslinha,Pinoscoluna,4,4);
```

Serão criadas agora mais quatro variáveis:

- A variável *n* irá contar toda vez que uma tecla for apertada. Esta variável será responsável por avisar ao programa que o usuário já apertou os quatro números e que deve ser verificado se a senha está correta.
- A variável *t* contará quantas vezes o usuário errou a senha. Se *t* chegar a três, o programa deve travar.
- Uma variável booleana *erro* assumirá o valor de HIGH se uma das teclas apertadas não coincidir com o número correspondente da senha.
- Por fim, um *array* de quatro números, nomeado *senha*, que conterá os números relativos à senha (no exemplo, a senha será 1234).

```
int n=0;
boolean erro=0;
int t=0;
char senha[4]={'1','2','3','4'};
```

No *void setup*, além de habilitar a comunicação do monitor serial, terão de ser configurados como saída o pino 10, que acionará o *buzzer*, o pino 11, que acionará o LED verde, o pino 12, que acionará o LED vermelho, e o pino 13, que acionará o relé. Para garantir que o relé iniciará desligado, o pino 13 será iniciado como nível alto.

```
void setup() {
Serial.begin(9600);
pinMode(10,OUTPUT);// Buzzer
pinMode(11,OUTPUT);// LED verde
pinMode(12,OUTPUT);// LED vermelho
pinMode(13,OUTPUT);// Relé
digitalWrite(13,HIGH);
}
```

No *void loop*, a princípio, será utilizada a mesma lógica do programa anterior, quer dizer, capturar o caractere, testar se ele é diferente de zero (e, caso seja, tocar o *bip*) e fazer um *print* do seu valor no monitor serial.

```
void loop() {
caractere=teclado.getKey();
if(caractere) {
```

```
digitalWrite(10,HIGH);
delay(100);
digitalWrite(10,LOW);
Serial.println(caractere);
```

A grande jogada desse algoritmo vem agora: sempre que um caractere for lido, o programa irá compará-lo com um caractere correspondente do *array senha*.

Quer dizer, quando o usuário apertar a primeira vez, o programa irá comparar essa primeira tecla apertada com o caractere que está na posição 0 do *array senha* (senha[n]), pois zero é o valor inicial da variável *n*. Logo após *n* será incrementado.

Da segunda vez que o usuário apertar a tecla, ele irá comparar o caractere lido agora com o que está na posição 1 do *array senha* (senha[n]), pois agora *n*, como foi incrementado, estará com o valor de 1 e assim sucessivamente. Caso, em qualquer uma das comparações, o valor do caractere lido não seja igual ao do endereço correspondente do *array senha*, a variável erro assumirá o valor de alto, indicando mais à frente ao programa que um dos números foi digitado errado.

```
if(caractere!=senha[n]) {
erro=1;
}
n++;
```

Finalmente agora serão realizadas as comparações para verificar se o usuário acertou ou errou a senha.

Na primeira comparação, se a variável *n* for 4 (quer dizer, se o usuário já apertou quatro teclas), e se a variável *erro* for 1 (quer dizer, em pelo menos uma das vezes que ele apertou as teclas, ao menos um dos números não correspondeu ao seu equivalente no *array senha*), então o LED vermelho acenderá e o *buzzer* tocará durante três segundos. Antes de sair dessa condicional, as variáveis *n* e *erro* devem ser zeradas para que o usuário possa recomeçar uma nova tentativa do zero. A variável *t* deve ser incrementada a fim de contar o número de vezes que o erro foi cometido.

```
if(n==4 && erro==1) {
delay(1000);
digitalWrite(12,HIGH);
digitalWrite(10,HIGH);
delay(3000);
digitalWrite(12,LOW);
```

```
digitalWrite(10,LOW);
n=0;
erro=0;
t++;
        }
```

Na segunda comparação, se a variável *n* for 4 (quer dizer, se o usuário já apertou quatro teclas), e se a variável *erro* for 0 (quer dizer, se em nenhuma das vezes que ele apertou as teclas, errou um número correspondente no *array senha*), então o LED verde piscará e o relé será acionado, acendendo a lâmpada durante três segundos. Antes de sair dessa condicional, as variáveis *n* e *t* devem ser zeradas para que o usuário possa recomeçar uma nova tentativa do zero.

```
if(n==4 && e==0){
delay(1000);
digitalWrite(11,HIGH);
delay(1000);
digitalWrite(11,LOW);
delay(1000);
digitalWrite(13,LOW);
delay(3000);
digitalWrite(13,HIGH);
n=0;
t=0;
}
```

Para finalizar, será realizada uma condicional *while* para "prender" o programa dentro dessa condição sempre que o usuário errar três vezes, pois a variável *t* assumirá o valor de 3 e só sairá dessa condição caso o usuário faça o *reset* do Arduino.

```
while(t==3){
}
```

Programa completo

```
#include <Keypad.h>
char caractere;
char teclas[4][4] = {
{'1','2','3','A'},
{'4','5','6','B'},
```

```
{'7','8','9','C'},
{'*','0','#','D'}
};
byte Pinoslinha[4]={9,8,7,6};
byte Pinoscoluna[4]={5,4,3,2};
Keypad teclado(makeKeymap(teclas),Pinoslinha,Pinoscoluna,4,4);
int n=0;
boolean erro=0;
int t=0;
char senha[4]={'1','2','3','4'};
void setup() {
Serial.begin(9600);
pinMode(10,OUTPUT);// Buzzer
pinMode(11,OUTPUT);// Led verde
pinMode(12,OUTPUT);// Led vermelho
pinMode(13,OUTPUT);// Relé
digitalWrite(13,HIGH);
}
void loop() {
caractere=teclado.getKey();
if(caractere){
digitalWrite(10,HIGH);
delay(100);
digitalWrite(10,LOW);
Serial.println(caractere);
if(caractere!=senha[n]){
erro=1;
}
n++;
if(n==4 && erro==1){
delay(1000);
digitalWrite(12,HIGH);
digitalWrite(10,HIGH);
delay(3000);
digitalWrite(12,LOW);
digitalWrite(10,LOW);
n=0;
erro=0;
t++;
}
```

```
if(n==4 && erro==0){
delay(1000);
digitalWrite(11,HIGH);
delay(1000);
digitalWrite(11,LOW);
delay(1000);
digitalWrite(13,LOW);
delay(3000);
digitalWrite(13,HIGH);
n=0;
t=0;
}
while(t==3){
}
}
}
```

Ih! Não funcionou!

- Verifique se todas as teclas realmente estão funcionando. Acione o monitor serial e verifique se alguma tecla está falhando. Por vezes o cabo flexível (*flat cable*) do teclado rompe alguma das suas trilhas, fazendo com que algumas teclas não funcionem.
- Verifique todas as ligações da montagem.
- Revise o programa.

14
RTC (*Real Time Clock*)

RTC significa *Real Time Clock*, ou seja, um Relógio de Tempo Real.

Segundo Ferreira (2015),

> *Esse módulo tem 56 bytes de memória não volátil disponível para uso, é capaz de armazenar e fornecer informações completas de data como dia da semana, dia do mês, mês, ano e além, é claro, das funções de horas, minutos e segundos, nos formatos de 12 ou 24 horas. Meses com menos de 31 dias e anos bissextos são ajustados automaticamente.*

O dispositivo possui uma bateria de lítio que, mesmo que se desligue todo o circuito, continuará contando as horas, não precisando de um novo ajuste.

Figura 64: RTC

Diferença entre os módulos DS1307 e DS3231

Os dois módulos de RTC mais vendidos no mercado são os que utilizam os *chips* DS1307 e DS3231. Apesar de existirem bibliotecas que podemos utilizar em ambos os módulos, há uma diferença de precisão e de pinagem entre eles.

Figura 65: RTC DS1307 (à esquerda) e RTC DS3231 (à direita)

No módulo DS1307 (Figura 65, à esquerda) a primeira diferença que se nota em relação ao DS3231 (Figura 65, à direita) é a presença de um cristal neste para gerar o *clock*.

Este cristal, no segundo módulo, está dentro do *chip*, o que garante maior estabilidade ao circuito em relação a variações de temperatura.

Enquanto o DS1307 pode ter um atraso médio de 1 minuto por mês, o DS3231 pode chegar a um atraso de 1 minuto por ano.

Outra diferença está na pinagem. Por trabalharem com I²C, ambos têm os pinos de VCC, GND, SDA e SCL. Os pinos SQ do 1307 e SQW do DS3231 são equivalentes: emitem um sinal de onda quadrada. A frequência da onda quadrada pode ser alterada entre 1 kHz, 4 kHz, 8 kHz ou 32 kHz através de programação. Este pino também pode ser programado como uma saída de interrupção. O DS3231 possui um pino fixo de saída de 32 kHz, enquanto o DS1307 possui uma saída analógica de um sensor de temperatura DS18B20 que pode ser soldado ao módulo.

Funções

Para realizar o projeto que será proposto, deve-se primeiro aprender como realizar funções (ou sub-rotinas) em um programa. Isso facilitará muito a vida do programador, principalmente para programas de maior complexidade.

Caso exista um programa onde se repete o mesmo conjunto de instruções várias vezes, pode-se criar uma função e chamá-la toda vez que se precisar dela.

Observe o programa a seguir de um alarme. Dependendo do pino ativado, um LED irá piscar e será escrito algo no *display*, indicando invasão a uma sala:

```
void loop ( ){
if (!digitalRead(7)) {
lcd.print ("INVASAO SALA1");
digitalWrite (2,HIGH);
delay(1000);
digitalWrite (2,LOW);
delay(1000);
}
if (!digitalRead (8)) {
lcd.print ("INVASAO SALA 2");
digitalWrite (2,HIGH);
delay(1000);
digitalWrite (2,LOW);
delay(1000);
} }
```

Note que, nas duas condicionais *if*, há um conjunto de instruções que se repetem. Transformaremos, então, essa rotina de piscar o LED em uma função que chamaremos de *piscar*.

```
void piscar( ) {
digitalWrite (2,HIGH);
delay(1000);
digitalWrite (2,LOW);
delay(1000);
}
```

Assim, quando for necessário fazer o LED piscar, no lugar de repetir todas as instruções, é só chamar a função *piscar( )*.

```
void loop ( ){
if (!digitalRead (7)) {
lcd.print ("INVASAO SALA1");
piscar( );
}
if (!digitalRead (8)) {
lcd.print ("INVASAO SALA 2");
piscar( );
}
}
```

```
void piscar( ){
digitalWrite (2,HIGH);
delay(1000);
digitalWrite (2,LOW);
delay(1000);
}
```

A palavra *void* quer dizer que nenhum valor retornará desta função para o programa principal.

Transferindo uma variável do programa principal para uma função

```
void loop {
x=2;
y=3;
multiplica(x,y );
}

void multiplica (int a, int b) {
c = a*b;
Serial.println (c) ;
}
```

Na função void *multiplica(int a, int b)*, os valores que assumirão os valores das variáveis *a* e *b* são os que estiverem contidos respectivamente nas variáveis *x* e *y* que estão vindo do programa principal (*void* quer dizer que a função não retornará um valor e *int*, antes de *a* e *b*, quer dizer que essas variáveis receberão números inteiros).

Transferindo uma variável de uma função para o programa principal

Para transferir uma variável gerada na função e devolvê-la ao programa principal, deve-se utilizar a instrução *return*. No caso a seguir, a variável *c* assumirá o valor da variável *d* que está vindo da função *multiplica*.

```
void loop {
a=2;
b=3;
c = multiplica (x,y);
Serial.println(c);
}

int multiplica (int a, int b) {
d = x*y;
return (d);
}
```

Na função *int multiplica (int a,int b)*:
int = Será retornado, desta função ao programa principal, um número inteiro de oito *bits*
multiplica = Nome da função
int a,int b = Variáveis que assumirão os valores das variáveis *x* e *y* (números inteiros) que estão vindo do programa principal.
return (d) = A variável *d* retornará ao programa principal, onde a variável *c* assumirá o seu valor.

A biblioteca RTClib

Para que o projeto seja realizado, deve-se baixar a biblioteca RTClib, da Adafruit.

Figura 66: Biblioteca RTClib

Como primeiro passo, deve-se incluir a biblioteca no programa.

```
#include <RTClib.h>
```

Após isso será criado o objeto para se comunicar com tal biblioteca, o qual será nomeado de *relogio*.

```
RTC_DS1307 relogio;
```

Agora devem ser criadas as variáveis *ano, mês, dia, hora, minuto* e *segundo*, onde serão carregados os valores que acertarão o relógio e também os que virão atualizados do módulo RTC para o Arduino quando requisitado.

```
int ano;
int mes;
int dia;
int hora;
int minuto;
int segundo;
```

Como a comunicação é I²C, como já vimos anteriormente, os pinos de SDA e SCL do módulo são respectivamente os pinos A4 e A5 do Arduino.

As funções principais desta biblioteca são:

Inicialização da biblioteca

```
relogio.begin( );
```

Inicializa o RTC e retorna nível alto caso a comunicação seja bem-sucedida.

Acertar o relógio

```
relogio.adjust (DateTime (ano, mes, dia, hora, minuto,segundo) );
```

Envia para o módulo RTC o ano, o mês, o dia, a hora, o minuto e o segundo para ajustá-lo.

Funções para resgatar as horas

A biblioteca RTClib possui as funções *now.year( ), now.day( ), now.month( ), now.hour ( ), now.minute( ), now.second( ),* que são atualizadas constantemente com os valores do RTC. Assim, caso se queira resgatar os valores atualizados da hora, do minuto e do segundo e carregar nas suas respectivas variáveis (*hora, minuto, segundo*), por exemplo, é só fazer:

```
hora= relogio.now().hour();
minuto = relogio.now().minute();
segundo= relogio.now().second();
```

O projeto

Lista de material

- Arduino Uno
- Módulo relógio RTC DS1307 ou DS3231
- Módulo relé 5V – 1 canal
- Chaves táctil 6x6x5mm 4 terminais (5 peças)
- *Display* LCD 16x2 com módulo I²C integrado

O projeto em questão é um processo de automação no qual um relógio poderá ser programado para ligar uma carga em um determinado horário e desligá-la em outro.

O circuito constará de cinco botões:

- **Botão 1 – Acerta o relógio:** com este botão o usuário poderá entrar no menu para acertar o relógio.
- **Botão 2 – Acerta o horário de acionamento:** com este botão o usuário poderá entrar no menu para acertar o horário em que a carga será ligada e desligada.
- **Botão 3 – incrementa:** com este botão, uma vez entrando em um dos menus, o usuário poderá incrementar os números para fazer os ajustes.
- **Botão 4 – decrementa:** com este botão, uma vez entrando em um dos menus, o usuário poderá decrementar os números para fazer os ajustes.
- **Botão 5 – ENTER e RESET:** com este botão, toda vez que um ajuste for feito, o usuário poderá apertá-lo para avançar na programação. Caso, no momento em que o circuito for alimentado, o botão ENTER estiver apertado, o relógio entrará em modo *reset*.

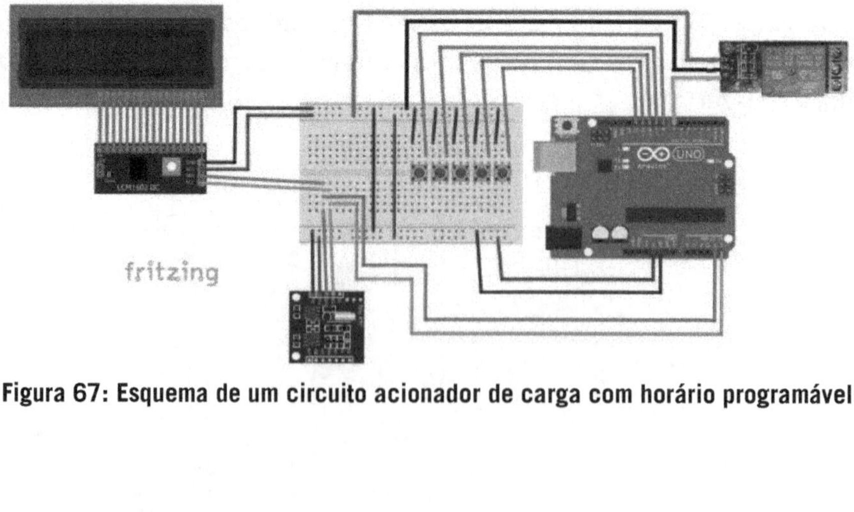

Figura 67: Esquema de um circuito acionador de carga com horário programável

O programa

Para inicializar o programa deve-se incluir três bibliotecas:

- A biblioteca RTClib, para trabalhar com o RTC.
- A biblioteca Wire, onde estão disponibilizadas as funções necessárias para gerenciar a comunicação I²C entre os dispositivos.
- A biblioteca LiquidCrystal_I2C, que possibilita trabalhar com o módulo I²C para o *display* LCD (já visto anteriormente).

```
#include <RTClib.h>
#include <Wire.h>
#include <LiquidCrystal_I2C.h>
```

Agora serão criados os objetos que acessarão as bibliotecas: primeiro o objeto que será nomeado de *lcd*, para trabalhar com a biblioteca LiquidCrystal_I2C, enviando para esta o endereço do módulo (0x27 é o endereço padrão que vem no módulo, podendo ser configurado) e o número de colunas e de linhas do *display* (no caso, usaremos um *display* 16x2). Depois será criado um objeto nomeado *relogio* para trabalhar com a biblioteca RTClib.

```
LiquidCrystal_I2C lcd(0x27,16,2);
RTC_DS1307 relogio;
```

Serão criadas as variáveis *ano, mês, dia, hora, minuto, segundo* (para o relógio), *hora_liga* e *minuto_liga* (para determinar a hora e o minuto que a carga irá ligar), *hora_desliga* e *minuto_desliga* (para determinar a hora e o minuto que a carga irá desligar) e *x* (variável que será incrementada e decrementada a fim de ajustar tanto o relógio quanto o horário do acionamento).

```
int ano = 0;
int mes = 0;
int dia = 0;
int hora = 0;
int minuto = 0;
int segundo = 0;
int hora_liga = 0;
int minuto_liga = 0;
int hora_desliga = 0;
int minuto_desliga = 0;
int x = 0;
```

No *void setup( )* inicializa-se a biblioteca do LCD e ativa-se a sua *backlight* (luz de fundo).

```
void setup() {
lcd.init();
lcd.backlight();
```

Após isso se inicializa a biblioteca do relógio com a função *.begin( )*, que retornará nível alto quando todo o processo de inicialização do relógio for completado.

```
while (! relogio.begin ( )) {
delay(500);
}
```

Falta agora definir quem serão os pinos dos cinco botões de ajuste do relógio e o pino de saída que acionará o relé para ligar e desligar a carga. Para garantir que o relé se iniciará desligado, será colocado inicialmente nível alto neste pino.

```
pinMode(7,OUTPUT);//rele
pinMode(8,INPUT_PULLUP);//acertar relogio
pinMode(9,INPUT_PULLUP);//acertar horário de acionamento
pinMode(10,INPUT_PULLUP);//incrementa
pinMode(11,INPUT_PULLUP);//decrementa
pinMode(12,INPUT_PULLUP);//Enter/reset
digitalWrite(7,HIGH);
```

Em muitos projetos, coloca-se no *void setup( )* a seguinte função da biblioteca RTClib:

```
relogio.adjust(DateTime(F(__DATE__), F(__TIME__)));
```

Esta função ajusta o RTC para a hora do PC no momento da gravação. O grande problema disso é que, caso o Arduino seja desligado, o relógio voltará sempre com a hora em que o programa foi gravado e não com o horário atualizado.

Optou-se então por não colocar tal função e, em seu lugar, colocar uma condicional de *reset* no programa. Caso, por algum motivo, seja necessário resetá-lo, é só alimentar o circuito com o botão de *reset* pressionado. Lembrando que, inicialmente, todas as variáveis foram iniciadas com zero. Isso quer dizer que, no momento em que essas variáveis forem enviadas do *void setup* para o relógio, todos os seus registradores internos serão zerados também.

```
if(!digitalRead(12)) {
relogio.adjust(DateTime(ano, mes, dia, hora, minuto));
delay(300);
}
```

O *void loop* será iniciado atualizando as variáveis *hora, minuto* e *segundo* com os valores vindos do RTC.

```
void loop() {
hora= relogio.now().hour();
minuto = relogio.now().minute();
segundo= relogio.now().second();
```

Uma vez resgatados esses valores, eles serão mostrados no *display* LCD junto com o horário que a carga irá ligar e desligar (lembrando que, nesse momento inicial, esses horários estarão zerados). Neste ponto surge um problema: os números menores que 10 resgatados do RTC aparecerão no *display* apenas com 1 dígito. Isso quer dizer que, caso nenhuma providência seja tomada, um horário como 08:05:01 apareceria como 8:5:1. Para evitar isso, sempre que se deseje escrever uma variável no LCD, caso esse número seja menor que 10, primeiro iremos escrever o número "0" para depois escrever o algarismo, ficando agora então todos os números, independentemente de serem maiores ou menores que 10, com dois dígitos.

```
lcd.setCursor(3,0);
if (hora < 10 ){
lcd.print ( "0" );
}
lcd.print (hora);
lcd.print (":");
if (minuto < 10 ){
lcd.print ( "0" );
}
lcd.print (minuto);
lcd.print (":");
if (segundo < 10 ){
lcd.print ( "0" );
}
lcd.print (segundo);
lcd.setCursor(3,1);
if (hora_liga < 10 ){
lcd.print ( "0" );
}
lcd.print (hora_liga);
lcd.print (":");
if (minuto_liga < 10 ){
lcd.print ( "0" );
}
```

```
lcd.print (minuto_liga);
lcd.print ("  ");
if (hora_desliga < 10 ){
lcd.print ( "0" );
}
lcd.print (hora_desliga);
lcd.print (":");
if (minuto_desliga < 10 ){
lcd.print ( "0" );
}
lcd.print (minuto_desliga);
```

O programa, até agora, está da seguinte maneira:

```
#include <RTClib.h>
#include <Wire.h>
#include <LiquidCrystal_I2C.h>
LiquidCrystal_I2C lcd(0x27,16,2);
RTC_DS1307 relogio;
int ano= 0;
int mes= 0;
int dia= 0;
int hora= 0;
int minuto = 0;
int segundo = 0;
int hora_liga=0;
int minuto_liga=0;
int hora_desliga=0;
int minuto_desliga=0;
int x=0;
void setup() {
lcd.init();
lcd.backlight();
while (! relogio.begin()) {
delay(500);
}
pinMode(7,OUTPUT);//rele
pinMode(8,INPUT_PULLUP);//acertar relogio
pinMode(9,INPUT_PULLUP);//acertar horário de acionamento
pinMode(10,INPUT_PULLUP);//incrementa
```

```
pinMode(11,INPUT_PULLUP);//decrementa
pinMode(12,INPUT_PULLUP);//Enter/reset
digitalWrite(7,HIGH);
if(!digitalRead(12)) {
relogio.adjust(DateTime(ano, mes, dia, hora, minuto));
delay(300);
}
}
void loop() {
hora= relogio.now().hour();
minuto = relogio.now().minute();
segundo= relogio.now().second();
lcd.setCursor(3,0);
if (hora < 10 ){
lcd.print ( "0" );
}
lcd.print (hora);
lcd.print (":");
if (minuto < 10 ){
lcd.print ( "0" );
}
lcd.print (minuto);
lcd.print (":");
if (segundo < 10 ){
lcd.print ( "0" );
}
lcd.print (segundo);
lcd.setCursor(3,1);
if (hora_liga < 10 ){
lcd.print ( "0" );
}
lcd.print (hora_liga);
lcd.print (":");
if (minuto_liga < 10 ){
lcd.print ( "0" );
}
lcd.print (minuto_liga);
lcd.print ("  ");
if (hora_desliga < 10 ){
```

```
lcd.print ( "0" );
}
lcd.print (hora_desliga);
lcd.print (":");
if (minuto_desliga < 10 ){
lcd.print ( "0" );
}
lcd.print (minuto_desliga);
}
```

Nesse momento, se o circuito for montado, carregarmos o programa e o alimentarmos com o botão de ENTER pressionado, teremos o seguinte no *display*:

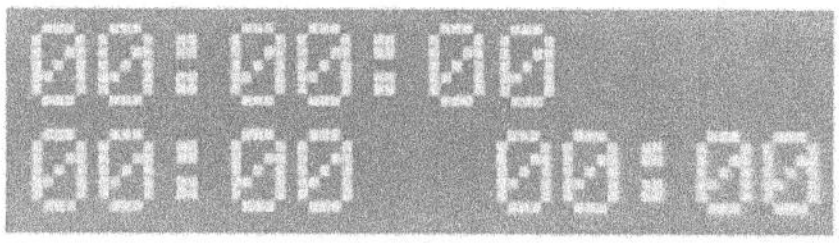

Figura 68: *Display* LCD inicial do projeto

Continuando o programa, será executada uma sequência de quatro condicionais que serão comparações para acertar o relógio, acertar o horário dos acionamentos, verificar se está na hora de ligar a carga e verificar se está na hora de desligá-la.

A primeira condicional *if* será a do pino 8, onde está a chave para entrar no acerto do relógio. As instruções dessa condicional seguirão o seguinte roteiro, exatamente nesta sequência:

- O cursor do *display* será colocado na linha 0, coluna 0.
- Será escrito no *display* o nome da variável que será ajustada (não esqueça de completar os 16 espaços do *display*).
- O programa será direcionado para a função *acertar* e, ao retornar, trará o valor ajustado para a variável correspondente.

A única exceção é o ajuste da variável *ano*, que terá que ser somada a 2000 antes de ser carregada (pois, na realidade, o ajuste é sempre de dois dígitos).

```
if(!digitalRead(8)) {     //acertar relogio
lcd.setCursor(0,0);
lcd.print ("     ANO        ");
ano=acertar( )+ 2000;
lcd.setCursor(0,0);
```

```
lcd.print ("    MES        ");
mes=acertar( );
lcd.setCursor(0,0);
lcd.print ("    DIA        ");
dia=acertar( );
lcd.setCursor(0,0);
lcd.print ("    HORA       ");
hora=acertar( );
lcd.setCursor(0,0);
lcd.print ("    MINUTO      ");
minuto=acertar( );
```

Agora que todas as variáveis do relógio estão ajustadas, é só enviar todos os dados para o RTC (note que os segundos foram configurados para 0) e executar um *clear* no *display* para limpá-lo, a fim de que, ao retornar, volte a escrever os dados da hora e do horário de acionamento corretamente:

```
relogio.adjust(DateTime(ano, mes, dia, hora, minuto,0));
lcd.clear( );
```

A segunda condicional *if* será a do pino 9, onde está a chave para entrar no acerto do horário de acionamento. As instruções dessa condicional seguirão o mesmo roteiro anterior.

```
if(!digitalRead(9)) {     // acertar horário de acionamento
lcd.setCursor(0,0);
lcd.print ("  HORA LIGA     ");
hora_liga=acertar( );
lcd.setCursor(0,0);
lcd.print (" MINUTO LIGA    ");
minuto_liga=acertar( );
lcd.setCursor(0,0);
lcd.print ("  HORA DESLIGA ");
hora_desliga=acertar( );
lcd.setCursor(0,0);
lcd.print (" MINUTO DESLIGA ");
minuto_desliga=acertar( );
lcd.clear( );
}
```

A terceira condicional *if* irá verificar se a hora e o minuto do relógio são iguais às do horário que foi ajustado para ligar a carga. Caso seja, a carga será ligada.

```
if(hora==hora_liga && minuto== minuto_liga) {
digitalWrite(7,LOW);
}
```

Finalmente, a quarta condicional *if* irá verificar se a hora e o minuto do relógio são iguais às do horário que foi ajustado para desligar a carga. Caso seja, a carga será desligada.

```
if(hora==hora_desliga && minuto== minuto_desliga) {
digitalWrite(7,HIGH);
}
```

A função *int acertar* (função *int*, pois retornará uma variável que é um número inteiro) será feita após o *void loop.*

Ela se iniciará apagando a segunda linha do *display* (linha 1), dando 16 espaços vazios nesta, para poder escrever, nessa linha, a variável que será ajustada pelos botões de incremento e decremento.

```
int acertar() {
lcd.setCursor(0,1);
lcd.print ("                ");
```

Agora a variável *x* será zerada para que os ajustes partam sempre do zero.

Sempre que uma chave mecânica é apertada, devido à trepidação desta, gera-se um ruído que resultaria em vários pulsos no lugar de um só. A esse ruído, gerado por uma chave mecânica, chamamos de *bouncing*. Para que tal problema não afete o circuito, será realizado um *delay* de 300ms para dar tempo desse ruído passar e não o acionar por mais de uma vez. Esse *delay* age como uma espécie de *debouncing* dos botões acionados.

```
x=0;
delay(300);
```

O próximo passo é "prender" o programa dentro de uma condição até que os ajustes sejam feitos. Então, enquanto o pino 12 (chave do ENTER) for alto, o programa ficará "preso" fazendo o ajuste da variável *x*.

O cursor do *display* LCD será posicionado bem no meio da segunda linha (linha 1, coluna 8) e será escrito o valor da variável *x* (que a princípio é 0). Caso a chave do pino 10 (chave de incremento) seja acionada (for a nível baixo), a variável *x* será incrementada. Já se a chave do pino 11 (chave de decremento) for acionada (for a nível baixo), a variável *x*, nesse caso então, será decrementada. Será colocada ainda uma última condição para evitar que se tenham números negativos durante o ajuste. Então, se a variável *x* se tornar negativa, ela automaticamente voltará a 0. Como todo esse ajuste está dentro do *looping* da condicional *while(digitalRead(12))*, o valor ficará sendo escrito e atualizado na tela até que se aperte a chave ENTER novamente (chave do pino 12).

```
while(digitalRead(12)) {
lcd.setCursor(8,1);
if (x < 10 ){
lcd.print ( "0" );
}
lcd.print (x);
if(!digitalRead(10))
{
x++;
delay(300);
}
if(!digitalRead(11)) {
x--;
delay(300);
}
if(x<0) {
x=0;
}
}
```

Antes de sair da função *acertar*, o programa escreverá PROGRAMADO durante 1 segundo na segunda linha do *display* e retornará o valor da variável *x* para o programa principal (a fim de carregar a variável correspondente que estava sendo ajustada naquele momento).

```
lcd.setCursor(0,1);
lcd.print ("    PROGRAMADO   ");
delay(1000);
return (x);
```

Programa completo

```
#include <RTClib.h>
#include <Wire.h>
#include <LiquidCrystal_I2C.h>
LiquidCrystal_I2C lcd(0x27,16,2);
RTC_DS1307 relogio;
int ano= 0;
int mes=0;
int dia=0;
int hora= 0;
int minuto = 0;
int segundo = 0;
int hora_liga=0;
int minuto_liga=0;
int hora_desliga=0;
int minuto_desliga=0;
int x=0;
void setup() {
lcd.init();
lcd.backlight();
while (! relogio.begin()) {
delay(500);
}
pinMode(7,OUTPUT);//rele
pinMode(8,INPUT_PULLUP);//acertar relogio
pinMode(9,INPUT_PULLUP);//acertar horário de acionamento
pinMode(10,INPUT_PULLUP);//incrementa
pinMode(11,INPUT_PULLUP);//decrementa
pinMode(12,INPUT_PULLUP);//enter
digitalWrite(7,HIGH);
if(!digitalRead(12)) {
relogio.adjust(DateTime(ano, mes, dia, hora, minuto));
delay(300);
}
}
void loop() {
hora=relogio.now().hour();
minuto=relogio.now().minute();
```

```
segundo=relogio.now().second();
lcd.setCursor(3,0);
if (hora < 10 ){
lcd.print ( "0" );
}
lcd.print (hora);
lcd.print (":");
if (minuto < 10 ){
lcd.print ( "0" );
}
lcd.print (minuto);
lcd.print (":");
if (segundo < 10 ){
lcd.print ( "0" );
}
lcd.print (segundo);
lcd.setCursor(3,1);
if (hora_liga < 10 ){
lcd.print ( "0" );
}
lcd.print (hora_liga);
lcd.print (":");
if (minuto_liga < 10 ){
lcd.print ( "0" );
}
lcd.print (minuto_liga);
lcd.print ("  ");
if (hora_desliga < 10 ){
lcd.print ( "0" );
}
lcd.print (hora_desliga);
lcd.print (":");
if (minuto_desliga < 10 ){
lcd.print ( "0" );
}
lcd.print (minuto_desliga);
if(!digitalRead(8)) {  //acertar relógio
lcd.setCursor(0,0);
lcd.print ("     ANO        ");
```

```
ano=acertar( )+ 2000;
lcd.setCursor(0,0);
lcd.print ("     MES       ");
mes=acertar( );
lcd.setCursor(0,0);
lcd.print ("     DIA       ");
dia=acertar( );
lcd.setCursor(0,0);
lcd.print ("     HORA      ");
hora=acertar( );
lcd.setCursor(0,0);
lcd.print ("     MINUTO      ");
minuto=acertar( );
relogio.adjust(DateTime(ano, mes, dia, hora, minuto,0));
lcd.clear( );
}
if(!digitalRead(9)) { // acertar horário de acionamento
lcd.setCursor(0,0);
lcd.print ("   HORA LIGA    ");
hora_liga=acertar( );
lcd.setCursor(0,0);
lcd.print ("  MINUTO LIGA   ");
minuto_liga=acertar( );
lcd.setCursor(0,0);
lcd.print ("   HORA DESLIGA ");
hora_desliga=acertar( );
lcd.setCursor(0,0);
lcd.print (" MINUTO DESLIGA ");
minuto_desliga=acertar( );
lcd.clear( );
}
if(hora==hora_liga && minuto== minuto_liga) {
digitalWrite(7,LOW);
}
if(hora==hora_desliga && minuto== minuto_desliga) {
digitalWrite(7,HIGH);
}
}
int acertar() {
```

```
lcd.setCursor(0,1);
lcd.print ("                ");
x=0;
delay(300);
while(digitalRead(12)) {
lcd.setCursor(8,1);
if (x < 10 ){
lcd.print ( "0" );
}
lcd.print (x);
if(!digitalRead(10)) {
x++;
delay(300);
}
if(!digitalRead(11)) {
x--;
delay(300);
}
if(x<0) {
x=0;
}
}
lcd.setCursor(0,1);
lcd.print ("   PROGRAMADO   ");
delay(1000);
return (x);
}
```

Carregue o programa. Para verificar o funcionamento do circuito, siga os passos:

- Aperte a chave acertar relógio (pino 8).
- Com auxílio das chaves de incrementar (pino 10) e decrementar (pino 11), acerte o ano (somente os dois últimos dígitos).
- Após ajustado, aperte a chave *Enter* (pino 12) para passar para o próximo ajuste.
- Após ajustar todo o relógio, clique agora na chave de acertar o horário de acionamento (pino 9).
- Faça os ajustes em que se deseja ligar e desligar a carga.
- Aguarde o horário e verifique se a carga liga e desliga como programado.

Ih! Não funcionou!

- Caso o *display* nem esteja acendendo, o problema é da comunicação serial do Arduino com o módulo I²C do LCD. Verifique se as ligações estão corretas.
- Caso o *display* acenda, porém não marque as horas (venha zerado ou com números aleatórios sem conseguir alterações), o problema estará no RTC. Verifique as ligações e, caso esteja tudo correto, aconselha-se a troca do módulo por outro para tirar a dúvida.
- Caso apareçam algumas letras aleatórias no *display*, verifique se realmente foram obedecidos no programa os 16 espaços das partes escritas.

Utilizando a EEPROM

O RTC possui uma bateria que manterá a hora mesmo que se retire a energia do circuito. Porém, o ajuste do horário de acionamento se perderá, pois ele está sendo gravado em variáveis que, ao ser religado o circuito, retornarão com os valores zerados.

Para evitar isso, o ideal é que tais dados sejam salvos na EEPROM do Arduino. Segundo Danilo Almeida, no site Vida de Silício,

> *A memória EEPROM ou Electrically-Erasable Programmable Read-Only Memory, consiste em um modelo de memória onde, diferente da memória RAM, podemos manter dados armazenados após desligarmos o nosso equipamento. Desta forma, é possível salvar informações que podem ser necessárias para o funcionamento do sistema após o seu desligamento (ALMEIDA, 2017).*

Resumindo em poucas palavras, a EEPROM é uma memória interna do Arduino que, mesmo sem energia, mantém os dados dentro dela, preservando-os. Essa memória possui registradores de 8 *bits*, limitando o seu número de endereços em 255.

Para utilizar a EEPROM do Arduino é necessário incluir a biblioteca EEPROM, que já está originalmente incluída no seu *sketch*, não sendo necessário baixá-la.

```
#include <EEPROM.h>
```

As funções dessa biblioteca são:

```
EEPROM.write (0,x);
```

Grava o valor da variável *x* no endereço 0 da EEPROM. A variável *x* deve conter um valor inteiro entre 0 e 255.

```
x = EEPROM.read(0);
```

Lê o valor do endereço 0 da EEPROM e guarda dentro da variável *x*. O valor do endereço deve ser um número inteiro entre 0 e 255.

As modificações que devem ser feitas ao programa para a utilização da EEPROM aparecerão em negrito no programa a seguir.

O primeiro passo é, quando todas as bibliotecas forem incluídas, adicionar também a da EEPROM.

```
#include <RTClib.h>
#include <Wire.h>
#include <LiquidCrystal_I2C.h>
#include <EEPROM.h>
```

Agora, no *void loop*, deve-se fazer uma alteração dentro da condicional onde acertamos o horário do acionamento. A única diferença em relação à anterior será que, toda vez que um valor ajustado for salvo em uma das variáveis, logo em seguida também será salvo em um endereço da EEPROM, sendo que a "hora de ligar" será salva no endereço 0 da EEPROM, o "minuto de ligar" no endereço 1, a "hora de desligar" no endereço 2 e o "minuto de desligar" no endereço 3.

```
if(!digitalRead(9)) {  // acertar horário de acionamento
lcd.setCursor(0,0);
lcd.print ("   HORA LIGA     ");
hora_liga=acertar( );
EEPROM.write (0,hora_liga);
lcd.setCursor(0,0);
lcd.print ("  MINUTO LIGA    ");
minuto_liga=acertar( );
EEPROM.write (1,minuto_liga);
lcd.setCursor(0,0);
lcd.print ("   HORA DESLIGA ");
hora_desliga=acertar( );
EEPROM.write (2,hora_desliga);
lcd.setCursor(0,0);
lcd.print (" MINUTO DESLIGA ");
minuto_desliga=acertar( );
```

```
EEPROM.write (3,minuto_desliga);
lcd.clear();
}
```

No momento do *reset* também será feita uma alteração na lógica. Quando o circuito for alimentado com o botão de *reset* ligado, agora, além de ter de serem zerados todos os registradores do relógio, também terão de ser zerados os quatro endereços da EEPROM que contêm os horários de acionamento. Aconselha-se, inclusive, ao ligar a primeira vez o circuito, que se mantenha o botão de *reset* apertado, a fim de zerar a EEPROM e evitar que apareçam números aleatórios no *display*.

```
if(!digitalRead(12))  {
relogio.adjust(DateTime(ano, mes, dia, hora, minuto));
EEPROM.write (0,0);
EEPROM.write (1,0);
EEPROM.write (2,0);
EEPROM.write (3,0);
delay(300);
}
```

Finalmente, antes de sair do *void setup*, serão lidos os valores que foram guardados na EEPROM desde a última vez em que foi desligado o circuito, e estes serão guardados novamente nas suas respectivas variáveis.

```
hora_liga = EEPROM.read(0);
minuto_liga = EEPROM.read(1);
hora_desliga = EEPROM.read(2);
minuto_desliga = EEPROM.read(3);
}
```

15
Comunicação através de *bluetooth*

O que é internet das coisas

Internet das coisas é a tradução literal da expressão em inglês de *Internet of Things* (IoT).

Segundo Bruno Santos,

> *A Internet das coisas, em poucas palavras, nada mais é que uma extensão da Internet atual, que permite aos objetos do dia a dia (quaisquer que sejam), mas com capacidade computacional e de comunicação, se conectarem à internet. A conexão com a rede mundial de computadores viabilizará, primeiro, controlar remotamente os objetos e, segundo, permitir que os próprios objetos sejam acessados como provedores de serviços (SANTOS, 2016).*

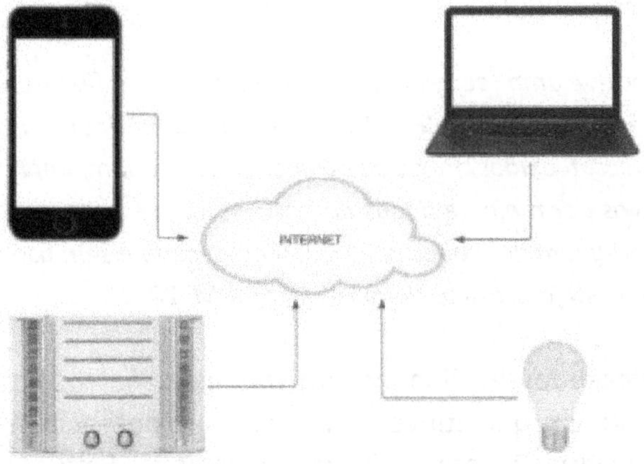

Figura 69: Internet das coisas

Para que isso seja possível, é necessário criar um sistema de automação controlado pela internet.

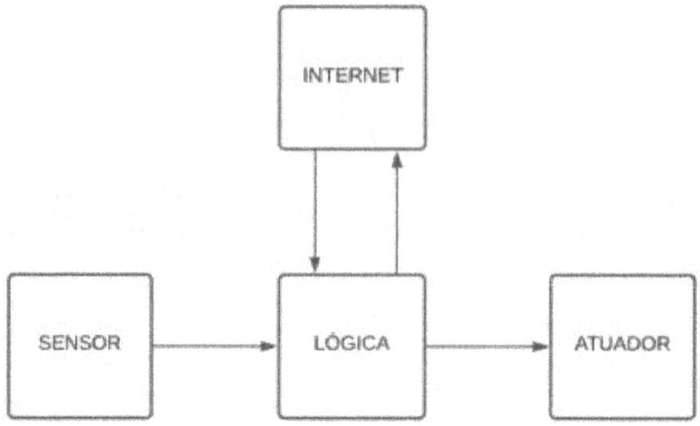

Figura 70: Diagrama em blocos de um sistema de internet das coisas

No caso, por exemplo, de um ar-condicionado, um sensor instalado informa a temperatura da casa para uma lógica que pode ser um PIC, um Arduino, um Wemos, um Raspberry ou qualquer microcontrolador. Este avisa ao usuário, através da internet, a temperatura local. Via internet (ou rádio frequência ou *bluetooth*), o usuário avisa à lógica para, caso a temperatura ultrapasse 28 graus, o sistema ligar o ar-condicionado. Assim que a lógica percebe, através do sensor, que a temperatura ultrapassou o valor setado, esta envia um sinal para o atuador ligar o aparelho e avisa ao usuário que o aparelho já foi acionado.

O que é *bluetooth*

Segundo Emerson Alecrim no site infowester,

> *Bluetooth é uma tecnologia de comunicação sem fio que permite que computadores, celulares, tablets, TVs e afins troquem dados entre si e se conectem a mouses, teclados, fones de ouvido, caixas de som, impressoras e outros dispositivos por meio de ondas de rádio. A ideia é permitir que esses aparelhos se interliguem de modo rápido, descomplicado e sem uso de cabos, bastando que um esteja próximo do outro (ALECRIM, 2021).*

A tecnologia *bluetooth* foi dividida em três classes conforme a potência e, consequentemente, a distância que atinge: a classe 1, com potência máxima de 100mW, atinge até 100m; a classe 2, com potência máxima de 2,5mW, atinge até 10m; e a classe 3, com potência máxima de 1mW, atinge no máximo 1m.

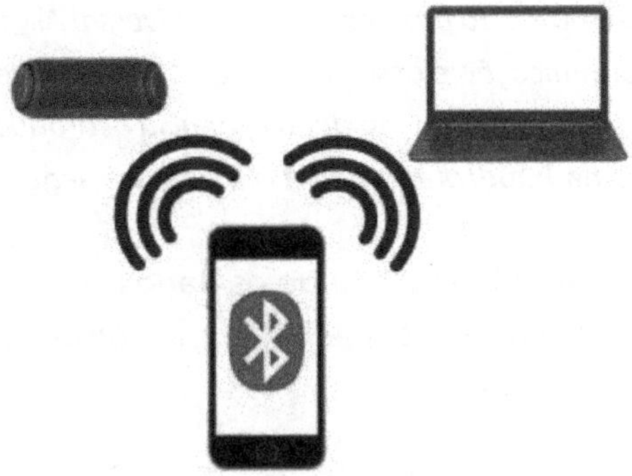

Figura 71: Transmissão *bluetooth*

O módulo HC-05

Figura 72: Módulo HC-05

Este módulo é muito fácil de usar. O pino de VCC será ligado à saída de 5V do Arduino, o GND em qualquer GND da placa e os outros dois pinos, Tx e Rx, serão escolhidos à vontade pelo programador. O módulo ainda possui o pino de *Enable*, que pode ser habilitado ou desabilitado, e um pino de *State*, onde o projetista pode colocar um LED que o avisará, externamente, quando o dispositivo for pareado. A ideia é que o celular envie um caractere para o módulo *bluetooth*, que, ao receber a informação, a envie para o Arduino. Caso chegue o caractere correto, o Arduino poderá ativar ou desativar uma carga.

O Arduino se comunicará com o módulo através do protocolo UART. Segundo Hélio Sousa Mendonça,

> *Como indica o nome do protocolo UART (Universal Asynchronous Receiver/Transmitter), a comunicação é assíncrona, i.e., sem qualquer sinal de relógio. Os bits são enviados/recebidos a uma dada cadência acordada entre emissor e receptor a que se chama baudrate (medida em bits por segundo) (MENDONÇA, 2021).*

Os dados circulam por duas linhas: TX, onde os dados são transmitidos, e RX, onde os dados são recebidos. Isso permite que haja uma comunicação simultânea entre os dois circuitos nos dois sentidos.

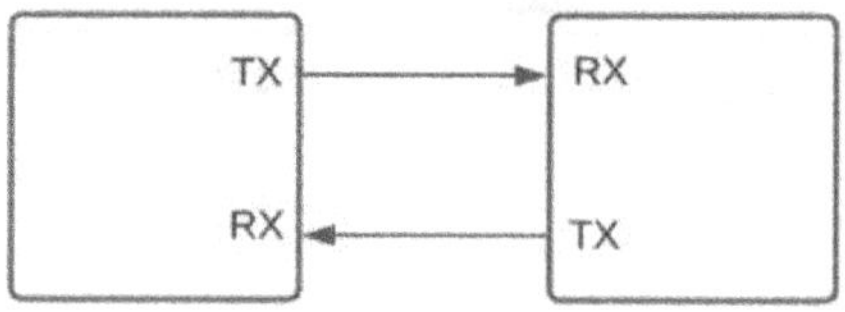

Figura 73: Protocolo de comunicação UART

A biblioteca software serial

Para trabalhar com a comunicação serial UART no Arduino, será necessária a biblioteca SoftwareSerial.h. Ela não precisa ser baixada, pois já faz parte da sua IDE.

A seguir, estão algumas funções dessa biblioteca.

```
SoftwareSerial bluetooth (pino TX, pino RX);
```

Cria o objeto, que, no caso, será nomeado *bluetooth*, enviando para a biblioteca o número dos pinos onde serão ligados o TX e o RX do módulo no Arduino.

```
bluetooth.begin(9600 );
```

Determina a velocidade da comunicação serial entre o módulo *bluetooth* e o Arduino.

```
bluetooth.available( )
```

Monitora para verificar se chegou alguma informação.

```
if (bluetooth.available( )) {
}
```

Em geral é usada com a condicional *if*. Retorna nível alto (verdadeiro) sempre que uma informação for recebida.

```
x= bluetooth.read( );
```

Lê o valor da informação que chegou e a coloca dentro de uma variável (no exemplo, *x*).

```
bluetooth.println ('mensagem");
```

Envia a palavra "mensagem" serialmente via USART para o módulo *bluetooth*.

```
bluetooth.println (x);
```

Envia serialmente via USART o conteúdo da variável *x* para o módulo *bluetooth*.

O hardware

Lista de material

- Arduino Uno
- Módulo *bluetooth* HC-05
- Módulo relé 5V – 1 canal

O projeto consistirá em ligar uma carga com o módulo *bluetooth* utilizando um telefone celular. Assim que ativar ou desativar a carga, o módulo enviará uma resposta para este. O esquema completo está na Figura 74.

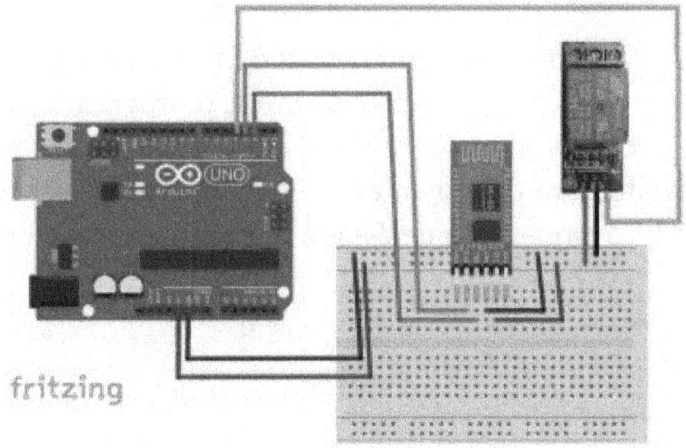

Figura 74: Esquema de um circuito para acionar cargas por *bluetooth*

Na saída 8 será colocado um módulo relé para ligarmos qualquer carga.

O programa

O projeto consiste em ligar uma carga caso o módulo receba o caractere 'a' via *bluetooth* e desligá-lo caso receba o caractere 'b'.

Inicialmente será incluída a biblioteca SoftwareSerial.h.

```
#include <SoftwareSerial.h>
```

Logo após será definido o objeto da biblioteca, configurando os pinos de comunicação que serão usados respectivamente para TX e RX, e criando a variável que guardará o dado que chega do celular.

```
SoftwareSerial bluetooth (2,3);
char x;
```

Dentro do *void setup* serão definidos o pino de saída para ativar a carga e a velocidade da comunicação serial entre o módulo e o Arduino. Será colocado nível alto na saída do relé para garantir que este iniciará desligado.

```
void setup( ){
bluetooth.begin(9600);
pinMode (4,OUTPUT);
digitalWrite(4,HIGH);
}
```

No *void loop* será testado se alguma informação foi recebida pela entrada serial RX (através da função *.available( )*). Em caso positivo, o programa lerá o dado (através da função *.read( )*) e o testará. Caso o caractere que chegou seja a letra 'a', o circuito ligará a carga e enviará para o celular, através do módulo *bluetooth*, a mensagem LIGADO. Caso seja 'b', o circuito irá desligá-la e enviar a mensagem DESLIGADO.

```
void loop ( ){
if (bluetooth.available ( )){
x = bluetooth.read( );
if (x== 'a'){
digitalWrite (4, LOW);
bluetooth.println("LIGADO");
}
if (x== 'b'){
digitalWrite (4, HIGH);
bluetooth.println("DESLIGADO");
}
}
}
```

Programa completo

```
#include <SoftwareSerial.h>
SoftwareSerial bluetooth (2,3);
char x;
void setup( ){
bluetooth.begin(9600);
pinMode (4,OUTPUT);
digitalWrite(4,HIGH);
}
void loop ( ){
if (bluetooth.available ( )){
x = bluetooth.read( );
if (x== 'a'){
digitalWrite (8, LOW);
bluetooth.println("LIGADO");
}
if (x== 'b'){
digitalWrite (8, HIGH);
bluetooth.println("DESLIGADO");
}
}
}
```

Configurando o Serial Bluetooth no celular

Um bom aplicativo para se trabalhar com o módulo *bluetooth* é o Serial Bluetooth Terminal.

Após ser baixado, antes de utilizá-lo, com o circuito já montado e o programa carregado no Arduino, deve ser ativado o *bluetooth* do celular e pareado com o módulo HC-05. Caso seja requisitada uma senha, deve ser colocado 1234 (caso haja outros módulos ligados por perto, verifique o número do módulo que está sendo pareado. Na dúvida, o melhor é, se possível, desligar outros módulos que possam estar por perto).

Deve-se agora entrar no aplicativo e, na tela inicial, segurar a tecla M1 por um tempo.

Figura 75: Aplicativo Serial Bluetooth

Na tela que vai abrir deve-se alterar o nome da tecla para liga e colocar o valor para 'a'. Para confirmar, clique no ícone ao lado da letra *i* no canto direito superior da tela.

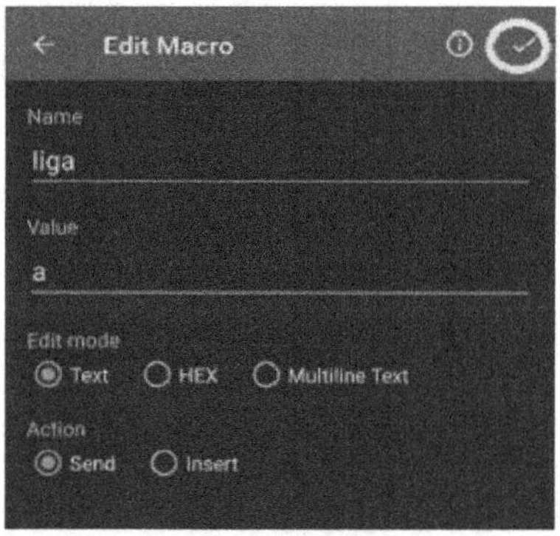

Figura 76: Configurando os botões do aplicativo Serial Bluetooth

Em sequência, o mesmo procedimento deve ser realizado com a tecla M2, mudando o nome para desliga e o valor para 'b'.

Após isso deve-se clicar nos "tracinhos" à esquerda de "Terminal".

Figura 77: Aplicativo Serial Bluetooth

Na tela que se abre, clicar em "Devices".

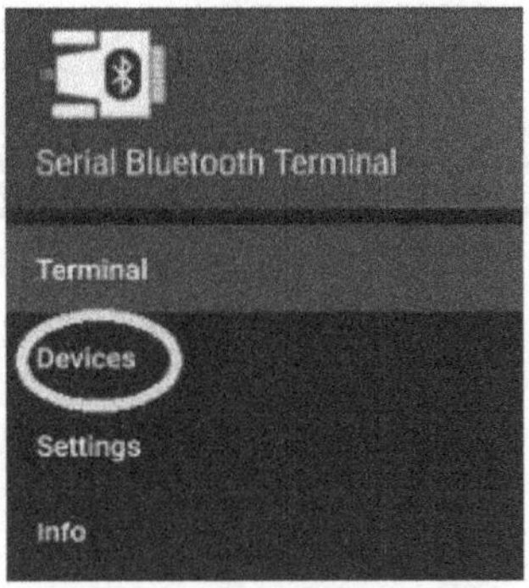

Figura 78: Aplicativo Serial Bluetooth

Clicar em HC-05 para habilitá-lo.

Figura 79: Pareando o HC-05 com o aplicativo Serial Bluetooth

Para conectar e desconectar o celular, na tela inicial, com o módulo, é só clicar no ícone mostrado a seguir.

Figura 80: Conectando o Serial Bluetooth com o HC05

Nota-se que, ao conectar pelo aplicativo, o LED do módulo *bluetooth* pisca em uma velocidade menor.

Agora é só clicar em "ligar" para acionar a carga e em "desligar" para desligá-la.

16
Comunicação com a nuvem

O que são nuvens

Neste capítulo será estudado como um dispositivo pode se comunicar diretamente com uma nuvem na internet.

Segundo o site da Azure Microsoft, define-se nuvem como:

> *[...] uma vasta rede de servidores remotos ao redor do globo que são conectados e operam como um único ecossistema. Estes servidores são responsáveis por armazenar e gerenciar dados, executar aplicativos ou fornecer conteúdos ou serviços, como transmissão de vídeos, webmail, software de produtividade ou mídias sociais. Em vez de acessar arquivos e dados do local ou de um PC, você pode acessá-los on-line, de qualquer dispositivo com acesso à Internet. As informações estarão disponíveis em qualquer lugar, a qualquer hora (AZURE, s.d.).*

As nuvens podem ser públicas (cujos serviços são compartilhados utilizando internet pública), privadas (cujos serviços são hospedados de maneira privada), híbridas (compartilham serviços entre nuvens públicas e privadas) ou de comunidade (que compartilha só entre organizações como instituições governamentais).

A placa WEMOS d1 Mini

Antes de mais nada, será escolhido qual dispositivo irá se comunicar com a nuvem. Obviamente, será um dispositivo que tenha acesso à internet. Para tal será utilizada a placa WEMOS d1 Mini, por ser de fácil utilização, tamanho reduzido e possuir *wi-fi* já embutido.

Figura 81: Placa WEMOS d1 Mini

Essas placas possuem um *chip wi-fi* ESP8266 e "são fornecidas numa ampla variedade de modelos, com diferenças perceptíveis principalmente no que tange à quantidade de IOs disponíveis para acesso externo e ao tamanho do módulo" (CURVELLO, 2015).

Este módulo possui nove portas I/O digital e uma porta de entrada analógica (A0), além de comunicação serial do tipo UART, I^2C e SPI.

Apesar de possuir uma linha de 5V e outra de 3.3V, nos seus terminais a tensão de saída das suas portas digitais é sempre de 3.3V.

Todos os pinos de I/O possuem PWM e geram interrupção.

A Figura 82 mostra a correspondência entre a pinagem do *chip* ESP8266 com as saídas da placa WEMOS. Deve-se notar que ao lado dos pinos de I/O da placa há um número que equivale ao pino do *chip*. Assim o pino D4 equivale ao pino 2, o D3 ao pino 0, o D2 ao pino 4 e assim por diante.

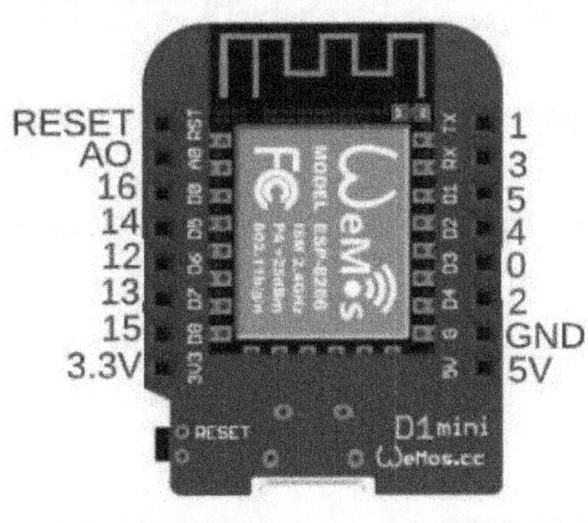

Figura 82: Pinagem da placa WEMOS d1 Mini

Desse modo, para ligar um LED no pino D4, deve ser realizada a seguinte instrução:

```
digitalWrite(2,HIGH);
```

Lembrando que, observando o desenho da Figura 82, o pino 2 do *chip* ESP8266 equivale ao pino de saída D4 da placa WEMOS.

Instalação da biblioteca ESP8266

Quando se instala o programa do Arduino no computador, nem todas as placas estão disponíveis. A placa ESP8266, que trabalhará com o WEMOS, é uma delas.

Para instalar a biblioteca da placa WEMOS no Arduino, deve-se conectar à internet e proceder da seguinte maneira:

- No *sketch* do Arduino, deve-se abrir Arquivo > Preferências.
- No campo *URLs adicionais para Gerenciadores de Placa*, deve-se escrever o seguinte link: http://arduino.esp8266.com/stable/package_esp8266com_index.json
- Clicar em *Ok*.
- Entrar em Ferramentas > Placas > Gerenciador de Placas.
- Escrever "ESP8266" na busca.
- Instalar a biblioteca.

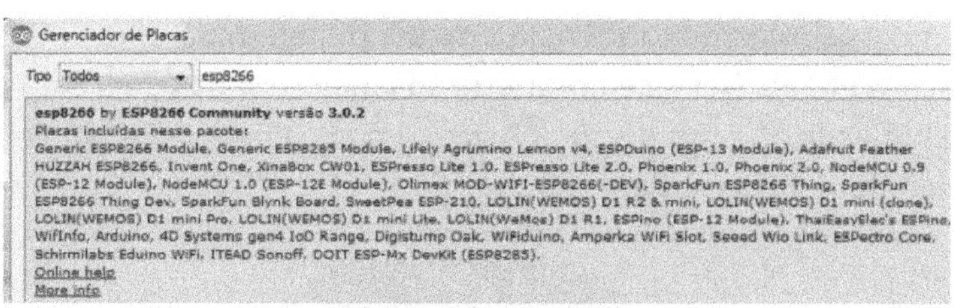

Figura 83: Instalação da placa ESP8266

Uma vez instalada, clique em Ferramentas > Placa e selecione a placa do WEMOS para começar a trabalhar com esta.

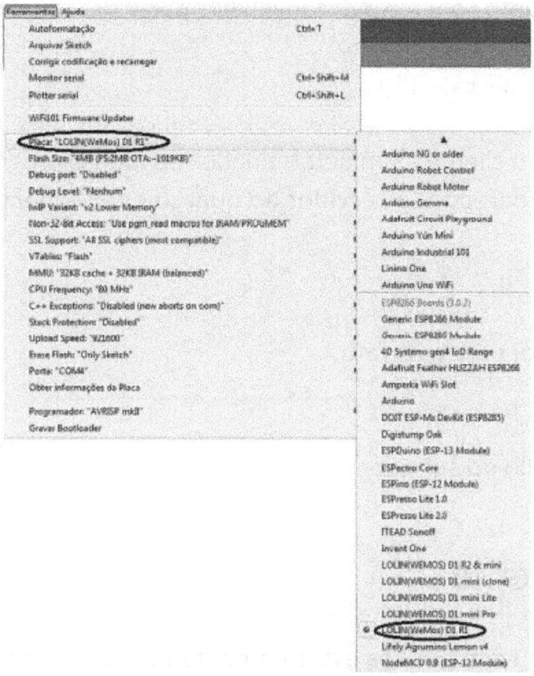

Figura 84: Instalação da placa WEMOS d1 Mini

Comandos da biblioteca ESP8266

```
Wifi.begin (login,senha);
```

Função para se conectar à rede *wi-fi*. Devem ser enviados para a biblioteca o *login* (nome da rede) e a senha da rede *wi-fi* (caso tenha senha).

```
WiFiClient altsyn;
```

Função para criar o objeto que irá se conectar a um específico endereço IP e porta. No exemplo, o objeto será nomeado de *altsyn*.

```
WiFi.status( )
```

Função que retorna nível alto caso o módulo consiga se conectar ao *wi-fi* local.

```
while (!WiFi.status( )) {
delay(500);
}
```

Em geral, trabalha junto com a condicional *while* para "prender" o programa naquele ponto até que o módulo se conecte.

```
altsyn.connect(URL,porta)
```

Função que conecta o cliente a um determinado servidor. O programador deve entrar aqui com a URL (endereço) do servidor ao qual se quer conectar e com o número da sua porta.

```
altsyn.println ( "oi " );
```

Envia a mensagem *oi* para a nuvem.

```
altsyn.stop( );
```

Desconecta o módulo do servidor.

A nuvem dweet.io

O dweet.io é uma nuvem pública extremamente fácil de usar e que não requer nenhuma configuração e inscrição.

Para enviar um dado para essa nuvem, basta digitar:

```
String envio (String("GET /dweet/for/nome?arquivo=")+ String("oi_mundo"));
objeto.println(envio);
objeto.println();
```

Sendo que *envio* é o nome da *string* que será gerada com todos os dados a serem enviados; *nome* deve ser substituído pelo nome que será utilizado para acessar a nuvem (seu endereço); *arquivo* deve ser substituído pelo nome que será dado ao arquivo onde será guardada a informação na nuvem; e *objeto* é o nome do objeto criado para a biblioteca do ESP8266WiFi. No exemplo, será enviada a mensagem *oi_mundo* para a nuvem (colocamos *underline* porque a biblioteca não aceita envio de espaços).

Quando for necessário acessar o dado enviado pelo WEMOS para a nuvem, basta digitar na barra de endereço do seu computador: dweet.io/follow/nome

Lista de componentes

- Placa WEMOS d1 Mini
- Sensor de temperatura LM35

Enviando a temperatura ambiente para a nuvem

Na entrada analógica A0 será colocado um LM35 que será alimentado com 3.3V. A intenção do projeto é enviar os dados da temperatura ambiente para a nuvem.

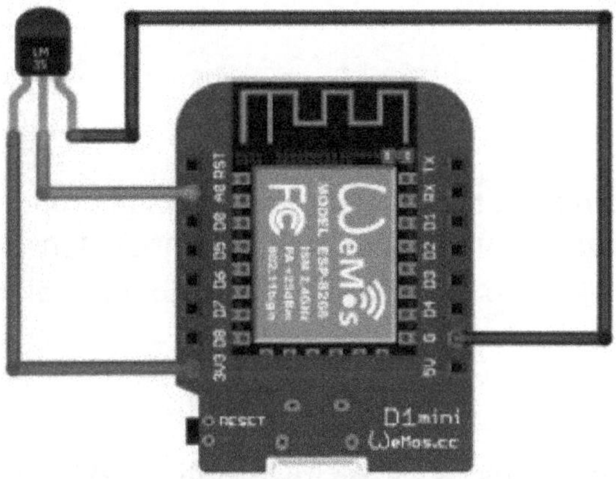

Figura 85: Ligação do WEMOS com o sensor LM35

A primeira coisa que será feita no programa é, obviamente, incluir a biblioteca para a conexão *wi-fi*.

```
#include <ESP8266WiFi.h>
```

Após isso serão definidas três constantes: o nome, a senha da rede local *wi-fi* e a nuvem para a qual serão transmitidas as informações do sensor.

```
#define login "Altsyn_02" // login do Wifi
#define senha "44546670"  // senha do Wifi
#define nuvem "www.dweet.io"
```

Após isso será criado o objeto para acessar a biblioteca.

```
WiFiClient altsyn;
```

A variável *t* será criada para guardar a temperatura ambiente.

```
int t;
```

No *void setup* serão realizadas apenas duas ações: inicializar a biblioteca ESP8266WiFi, enviando para esta o *login* (nome da rede) e a senha, e realizar um laço *while(!WiFi.status())* para aguardar a conexão.

```
void setup() {
WiFi.begin(login,senha);
while(!WiFi.status()) {
delay(500);
}
}
```

O *void loop* será iniciado adquirindo os dados de temperatura do sensor que está na entrada A0.

```
void loop() {
t=analogRead(A0);
```

Para obter o valor correto da temperatura, será utilizada a função *map* convertendo o valor lido pelo conversor AD em um valor entre 0ºC e 330ºC (visto que a tensão máxima na entrada digital do WEMOS é 3.3V – o valor equivalente da temperatura, teoricamente, seria de 330ºC).

```
t= map(t,0,1023,0,330);
```

O próximo passo será conectar o WEMOS com a nuvem utilizando a função *.connect( )*, que retorna nível alto quando a condição for verdadeira. Assim que se conectar, o programa fará todas as instruções, já comentadas anteriormente, para enviar a informação para a nuvem. O número da porta de entrada do dweet.io no servidor é 80.

```
if(altsyn.connect(nuvem,80)) {
String msg(String("GET /dweet/for/msgaltsyn?Pasta1=")+String(t));
altsyn.println(msg);
altsyn.println();
}
```

No exemplo anterior, *msg* é a *string* gerada para enviar todas as informações; *msgaltsyn* é o nome do endereço criado para acessar os dados da nuvem (como a nuvem é gratuita, aconselha-se escrever um nome nada comum a fim de evitar conflitos com um nome igual já criado por outro usuário anteriormente); *Pasta1* é o nome do arquivo, dentro do endereço dado, onde será guardada a informação; e *t* é o nome da variável que será transformada em uma *string* para ser transmitida.

Por último, deve-se aplicar um *delay* que determinará de quanto em quanto tempo o programa enviará os dados para a nuvem.

```
delay(1000);
}
```

Programa completo

```
#include <ESP8266WiFi.h>
#define login “Altsyn_02” // login do Wifi
#define senha “44546670”  // senha do Wifi
#define nuvem “www.dweet.io”
WiFiClient altsyn;
int t;
void setup() {
WiFi.begin(login,senha);
while(!WiFi.status()) {
delay(500);
}
}
void loop() {
t=analogRead(A0);
t=map(t,0,1023,0,330);
if(altsyn.connect(nuvem,80)) {
String msg(String(“GET /dweet/for/msgaltsyn?Pasta1=”)+String(t));
altsyn.println(msg);
altsyn.println();
}
delay(1000);
}
```

Acessando através da página do dweet.io

Para acessar a informação, basta digitar na barra de endereço do navegador de internet, no seu computador ou no seu celular, o seguinte endereço: <dweet.io/follow/nome> // *nome* é o endereço que será acessado – no caso do programa realizado, será *msgaltsyn*.

Nesse caso, aparecerá o valor da variável ao mesmo tempo que um gráfico é traçado.

Figura 86: Gráfico de temperatura no dweet.io

Ih! Não funcionou!

Verifique se as instruções de envio da mensagem foram digitadas corretamente. Um erro muito comum nessa digitação é a falta de um espaço após o GET na formação da *string* contendo as informações.

Correto:

```
String msg(String("GET /dweet/for/msgaltsyn?Pasta1=")+String(t));
```

Errado:

```
String msg(String("GET/dweet/for/msgaltsyn?Pasta1=")+String(t));
```

Verifique novamente o *login* e a senha e se realmente o *wi-fi* está ativado no local.

Enviando a informação de mais de um sensor

Caso haja dois sensores de temperatura para serem transmitidos em dois pontos diferentes, a coisa se complica, porque o WEMOS só possui uma entrada analógica. Para contornar esse problema deve-se "multiplexar" os sensores com um módulo *multiplex* CD4HC4067.

Mas o que é um *multiplex*? Um circuito multiplexador consiste em:

> *Um circuito lógico que recebe diversos dados digitais de entrada e seleciona um, em determinado instante, para transferi-lo para a saída. O envio do dado de entrada desejado para a saída é controlado pelas entradas de SELEÇÃO (frequentemente denominadas de endereço) (TOCCI; WIDMER; MOSS, 2011).*

O *multiplex* CD74HC4067 ainda possui a vantagem de, além de trabalhar com sinais digitais, também conseguir multiplexar sinais analógicos. Com esse módulo é possível ter até 16 sensores na entrada chaveando rapidamente todos eles, sequencialmente, para a mesma saída, que será ligada à entrada analógica do WEMOS.

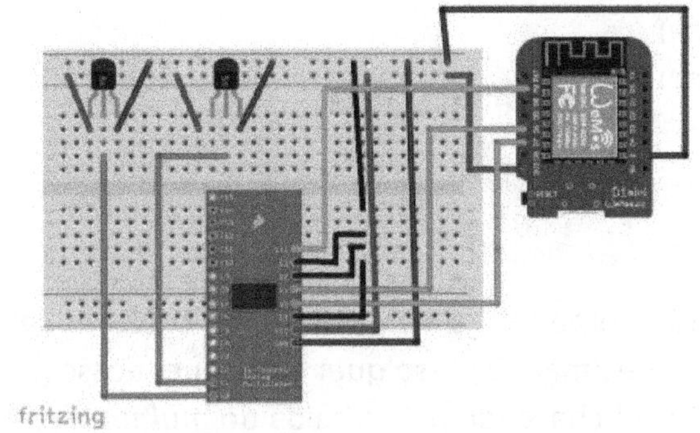

Figura 87: WEMOS ligado ao *multiplex* CD74HC4067

O programa então deverá sofrer algumas modificações. Logo no início serão criadas agora duas variáveis, que serão nomeadas *t1* e *t2*, nas quais serão guardados dois valores distintos de temperatura.

```
int t1;
int t2;
```

No *void setup* serão configurados dois pinos para chavear o *multiplex*. Essas saídas serão ligadas respectivamente aos pinos de comando (endereço) 0 e 1 do módulo *multiplex*. Como as linhas de endereçamento 2 e 3 não estão sendo utilizadas, devem ser aterradas para mantê-las em nível 0. As outras instruções (para se conectar ao *wi-fi* local) serão as mesmas do programa anterior.

```
void setup() {
pinMode(12,OUTPUT);
pinMode(13,OUTPUT);
WiFi.begin(login,senha);
while(!WiFi.status()) {
delay(500);
}
}
```

No *void loop*, a princípio o programa se conectará à nuvem. Após conectado, as saídas D7 e D6 (pinos 13 e 12, respectivamente) serão colocadas em nível baixo (configurando assim o endereço 00, que em decimal é 0). Isso quer dizer que o sinal que estiver na entrada 0 será chaveado para a saída do *multiplex* e, consequentemente, para a entrada A0 do WEMOS. Esse valor será guardado na variável *t1*. Será dado um *delay* de 300ms.

```
void loop ( ) {
if (altsyn.connect(nuvem, 80)) {
digitalWrite(13,LOW);
digitalWrite(12,LOW);
t1=analogRead(A0);
t1=map(t1,0,1023,0,330);
delay(300);
```

Agora o pino 13 será alterado para alto, mantendo o 12 em baixo (configurando o endereço 01, que em decimal é 1). Isso quer dizer que, nesse momento, o sinal que estiver na entrada 1 será chaveado para a saída do *multiplex* e, consequentemente, para a entrada A0 do WEMOS. Este valor será guardado dessa vez na variável *t2*.

```
digitalWrite(13,HIGH);
t2=analogRead(A0);
t2=map(t1,0,1023,0,330);
delay(300);
```

Finalmente serão enviados os dois dados (t1 e t2) para a nuvem no endereço *msgaltsyn*, guardando-os, respectivamente, nos arquivos Pasta1 e Pasta2.

```
String envio (String("GET /dweet/for/msgaltsyn?Pasta1=") + String(t1) +
"&Pasta2="+String(t2));
altsyn.println(envio);
altsyn.println();
}
delay(1000);
}
```

Programa completo

```
#include <ESP8266WiFi.h>
#define login "Altsyn_02" // login do Wifi
#define senha "44546670" // senha do Wifi
#define nuvem "www.dweet.io"
WiFiClient altsyn;
int t1;
```

```
int t2;
void setup() {
pinMode(12,OUTPUT);
pinMode(13,OUTPUT);
WiFi.begin(login,senha);
while(!WiFi.status()){
delay(500);
}
}
void loop() {
if (altsyn.connect(nuvem, 80)) {
digitalWrite(13,LOW);
digitalWrite(12,LOW);
t1=analogRead(A0);
t1=map(t1,0,1023,0,330);
delay(300);
digitalWrite(13,HIGH);
t2=analogRead(A0);
t2=map(t1,0,1023,0,330);
delay(300);
String envio(String("GET /dweet/for/msgaltsyn?Pasta1=")+String(t1)+
"&Pasta2="+String(t2));
altsyn.println(envio);
altsyn.println();
}
delay(1000);
}
```

17
A nuvem Firebase

Segundo o blog rocketseat,

> *O Firebase é um BaaS (Backend as a Service – um serviço disponibilizado no qual toda a estrutura está completamente pronta para se integrar com o seu aplicativo) para aplicações web e mobile do Google. Foi lançado em 2004 e com o passar dos anos cresceu muito, tornando-se uma ferramenta que hoje para alguns projetos é a melhor opção, devido à quantidade de serviços oferecidos por ele, além da facilidade de implementação (ORLANDI, 2018).*

Esta nuvem possui um Banco de Dados em Tempo Real (*Real Time Database*) que permite a troca de informações entre os usuários com dados que estão armazenados nesta e, mesmo que se esteja *offline*, o Firebase garante que os dados continuarão disponíveis para serem utilizados.

Abrindo uma conta no Firebase

O primeiro passo então para iniciar o projeto deste capítulo é abrir uma conta no Firebase. Para isso o usuário deve acessar a sua conta no Google, acessar o site www.firebase.com e seguir os passos.

Na página inicial do Firebase, deve clicar em "Começar".

Figura 88: Página inicial do Firebase

Na página que segue, deve clicar em "Adicionar projeto".

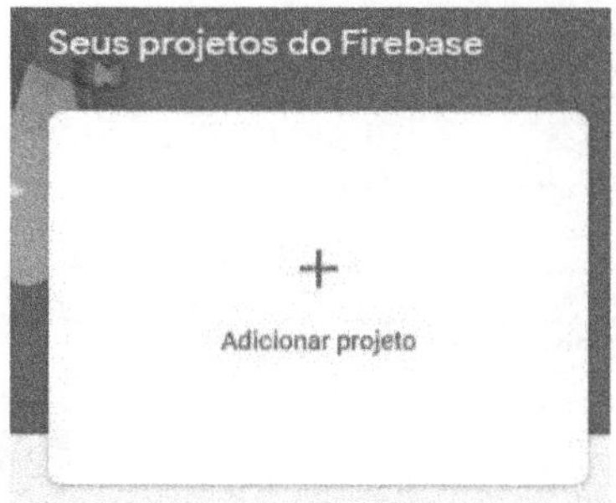

Figura 89: Criando um projeto no Firebase

Deve ser criado um nome para o projeto, aceitar os termos do Firebase e clicar em "Continuar".

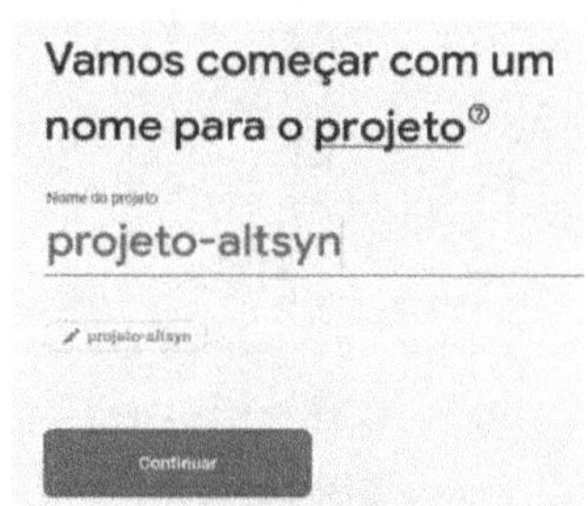

Figura 90: Criando um projeto no Firebase

O Google Analytics deve ser ativado para gerar as métricas da aplicação e mensurar o comportamento do usuário. Isto lhe possibilitará ter um suporte técnico. Após ativado, clicar em "Continuar".

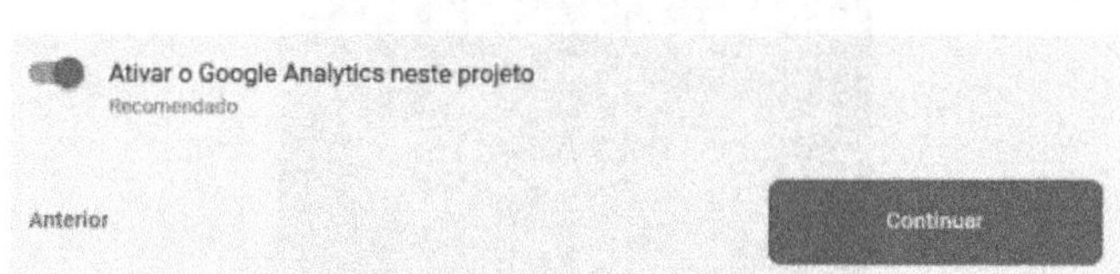

Figura 91: Criando um projeto no Firebase

Deve ser criada uma conta no Google Analytics (caso queira, pode deixar no *default*) e clicar em "Criar projeto".

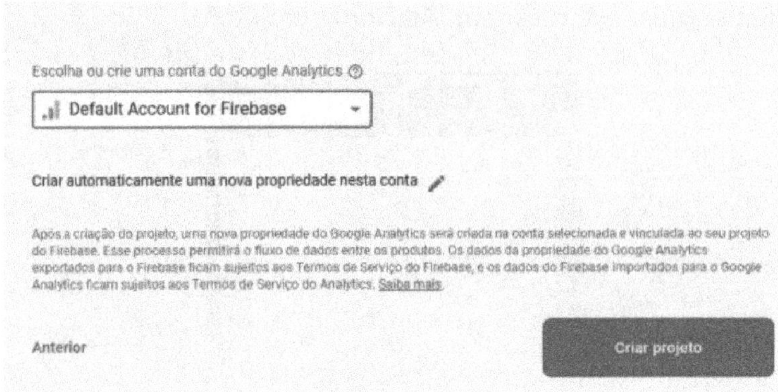

Figura 92: Criando um projeto no Firebase

Após o projeto ser criado, clicar em “Continuar”.

Figura 93: Criando um projeto no Firebase

Na página inicial do projeto, clicar em “Firestore Database”.

Figura 94: Criando um projeto no Firebase

Clicar em "Criar banco de dados".

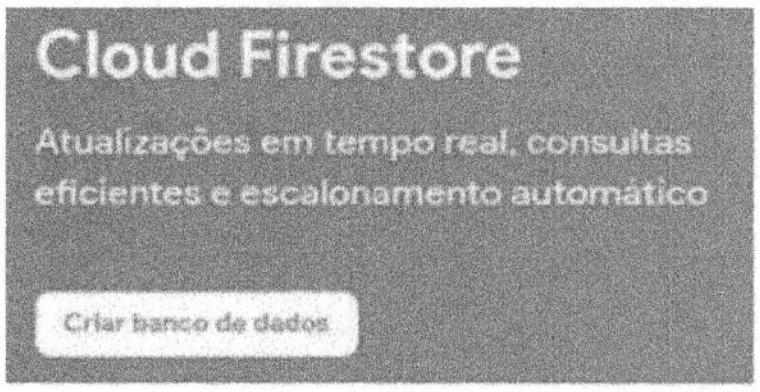

Figura 95: Criando um projeto no Firebase

Caso se opte por "Iniciar no modo de produção", somente o usuário conseguirá postar dados na nuvem. Se escolhido "Iniciar no modo de teste", qualquer um poderá enviar dados à nuvem. Como nosso projeto incluirá troca de dados de diversos usuários, será escolhida a opção "Iniciar no modo de teste". Clicar em "Avançar".

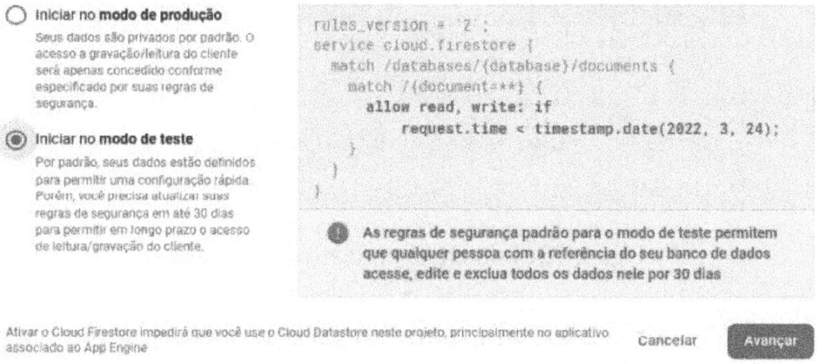

Figura 96: Criando um projeto no Firebase

Aqui será escolhido em qual lugar estará a nossa nuvem (pode deixar em *us-central* mesmo) e clicar em "Ativar".

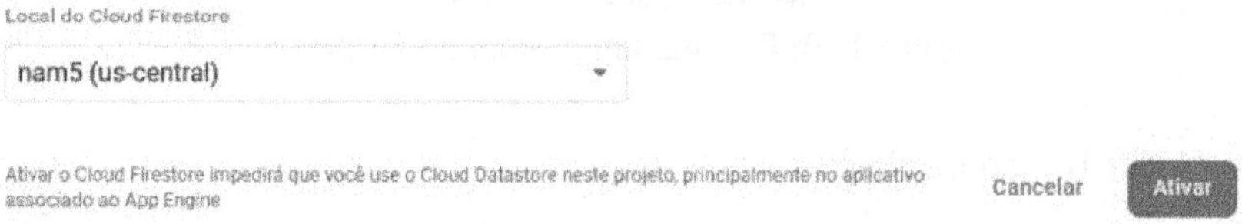

Figura 97: Criando um projeto no Firebase

A nuvem foi iniciada. Clicar em "Regras". Nota-se, na janela à direita, que o Firebase colocou como data de validade do projeto exatamente 1 mês após a data da sua criação.

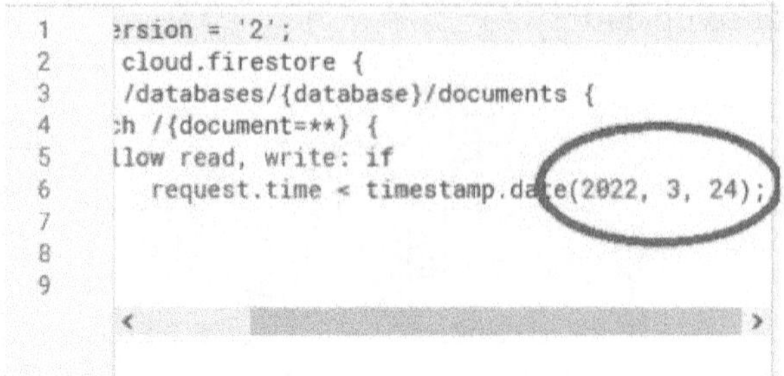

Figura 98: Criando um projeto no Firebase

Este valor pode ser alterado para uma nova data caso se deseje. Após realizada a alteração, clicar em "Publicar".

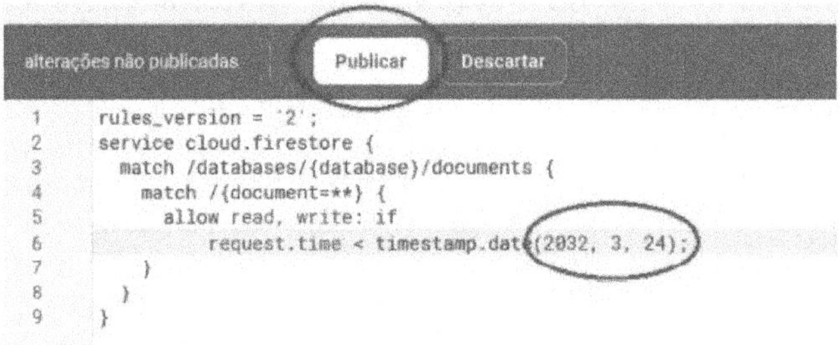

Figura 99: Criando um projeto no Firebase

Clicar agora em "Realtime Database" para criar o banco de dados na nuvem.

Figura 100: Criando um projeto no Firebase

Clicar em "Criar banco de dados".

Figura 101: Criando um projeto no Firebase

O Firebase irá perguntar onde os dados serão armazenados. Pode mantê-los em *us-central*.

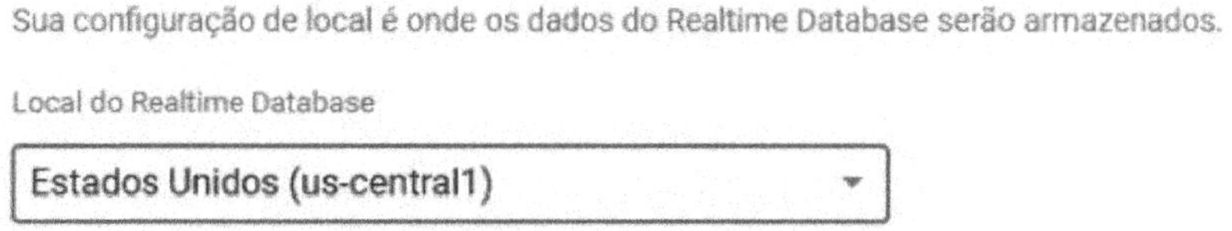

Figura 102: Criando um projeto no Firebase

O próximo passo será escolher entre "Iniciar no modo bloqueado" (onde os dados serão privados) e "Iniciar no modo de teste" (onde os dados serão livres, porém a cada 30 dias devem ser atualizadas as regras de segurança). Será assinalada a opção "Iniciar no modo bloqueado". Depois clicar em "Ativar".

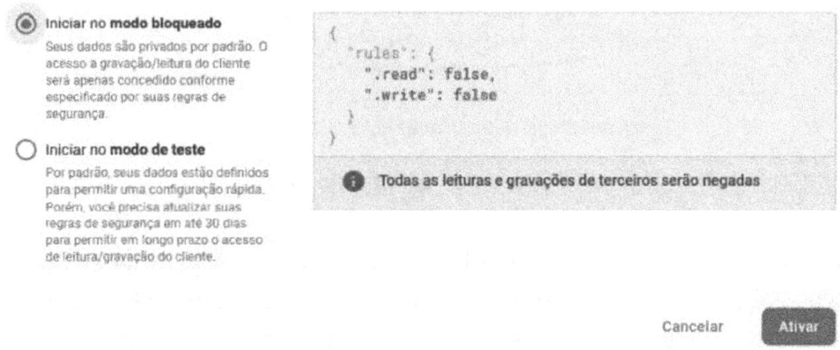

Figura 103: Criando um projeto no Firebase

O banco de dados foi criado. Clicar agora em "regras". Para que se possa tanto escrever na nuvem como também resgatar dados escritos, deve-se mudar os dois de *false* (tanto de escrita quanto de leitura) para *true*.

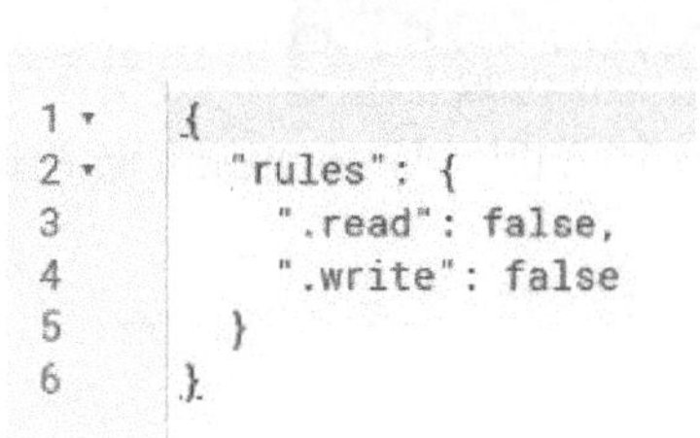

Figura 104: Criando um projeto no Firebase

Após essa correção, clicar em "Publicar".

Figura 105: Criando um projeto no Firebase

Clicar novamente em "Dados". É nessa página que se abre que os dados enviados pelo dispositivo ficarão salvos. O endereço dessa página (o qual terá que ser colocado no programa do WEMOS) está logo acima na caixa de dados. Guarde-o.

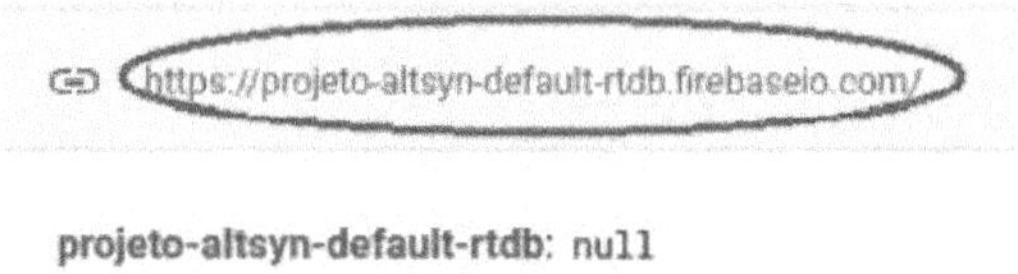

Figura 106: Criando um projeto no Firebase

Além do endereço do projeto, a biblioteca que iremos utilizar no programa também solicitará a senha deste. Toda vez que se cria um novo projeto no Firebase, uma nova senha também é gerada. Para acessar a senha, é só clicar em uma "engrenagem" que fica ao lado de "Visão geral do projeto" e depois em "Configurações do projeto".

Figura 107: Criando um projeto no Firebase

Na página que se abre, clicar em "Contas de serviço".

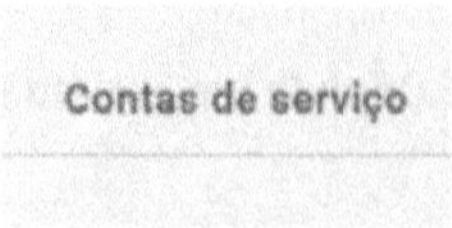

Figura 108: Criando um projeto no Firebase

Na página seguinte, clicar em “Chaves secretas do banco de dados”.

Figura 109: Criando um projeto no Firebase

Ao lado da senha (*secret*), passar o mouse sobre a tela que aparecerá o botão “Mostrar”. Ao clicar no botão, aparecerá a senha do projeto.

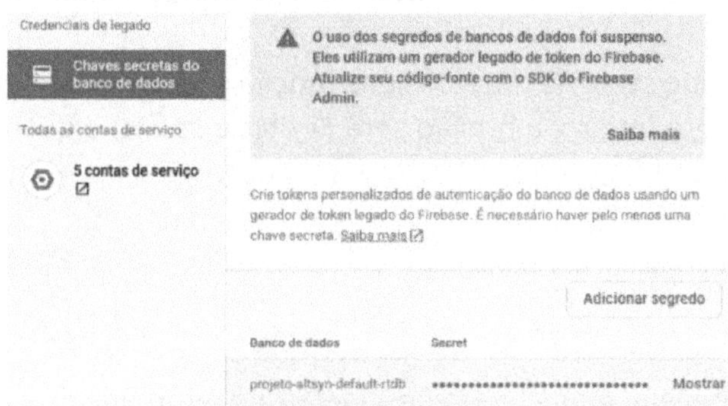

Figura 110: Criando um projeto no Firebase

Após copiar a senha, retorne ao Realtime Database (banco de dados) para iniciar a recepção de dados do projeto que será desenvolvido no WEMOS.

A biblioteca Firebase ESP8266.h

Esta biblioteca pode ser baixada na própria IDE do Arduino através do “Gerenciamento de Bibliotecas” (a biblioteca é a Firebase ESP8266 Client).

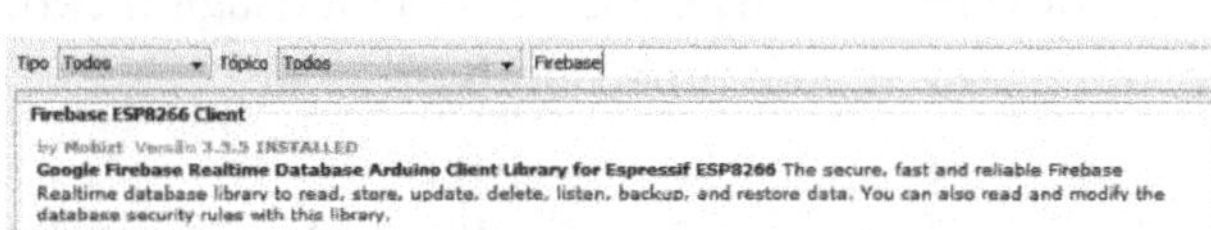

Figura 111: A biblioteca Firebase ESP8266 Client

As suas principais funções são:

```
FirebaseData firebase;
```

Criação do objeto que será nomeado de *firebase*.

```
Firebase.begin(URL, SENHA);
```

Inicialização da biblioteca, onde *URL* será configurado como o endereço do projeto no Firebase e *SENHA* como a senha do projeto.

```
Firebase.setString(firebase,"/msg","Hello World");
Firebase.setInt ( firebase, "/msg" , 35);
Firebase.setFloat ( firebase, "/msg" ,3.45);
```

Envio de uma mensagem para a nuvem, onde *firebase* é o objeto que foi criado e *msg* é o nome do arquivo no projeto onde será guardada a informação.

Nota-se que, quando se envia uma *string*, a função será *Firebase.setString*; quando se envia um número inteiro, a função será *Firebase.setInt*; e quando se envia um número fracionário, a função será *Firebase.setFloat*.

```
if (Firebase.getString(firebase, "/teste")){
Serial.println(firebase.stringData());
}
```

Recebe uma mensagem. A função *Firebase.getString* retornará nível alto (verdadeiro) caso receba uma *string* do arquivo *teste* do projeto do Firebase. No exemplo, *firebase* é o objeto criado para entrar na biblioteca. A função *firebase.stringData( )* é onde ficará guardada a informação recebida.

Teste de envio de mensagem

Lista de material

- WEMOS d1 Mini

Nesse primeiro momento será apenas enviada uma mensagem para o projeto criado e verificado se ela aparecerá no Realtime Database.

O programa será iniciado incluindo duas bibliotecas: a ESP8266WiFi, para poder se comunicar com o *wi-fi* local, e a FirebaseESP8266, para poder se comunicar com a nuvem Firebase.

```
#include <ESP8266WiFi.h>
#include <FirebaseESP8266.h>
```

O próximo passo será definir o *login* e a senha do *wi-fi*.

```
#define login "Altsyn_02" // login do Wifi
#define senha "44546670"  // senha do Wifi
```

Agora serão definidos o endereço URL do projeto e a senha deste. Note que, ao colocarmos a URL do projeto, eliminamos o https:// do início e a última barra no final.

```
#define url_firebase "projeto-altsyn-default-rtdb.firebaseio.com" // URL do
projeto
#define senha_firebase "5GlfwQ15rdVxyyMrLlzlUWWnvQdRbUtkH3MSt95h"
// Senha do projeto
```

Será criado agora o objeto para a biblioteca que será nomeado de *firebase*.

```
FirebaseData firebase;
```

No *void setup*, primeiro será iniciada a biblioteca do *wi-fi* e depois será feita a conexão com a internet, exatamente como já foi feito no programa anterior.

```
void setup() {
WiFi.begin(login, senha);
while (!WiFi.status()){
delay(500);
}
```

Após isso será inicializada a biblioteca do Firebase enviando para esta os valores da URL e da senha do projeto.

```
Firebase.begin(url_firebase, senha_firebase);
}
```

No *void loop* será enviada a mensagem "Ola mundo!" para o endereço *msg* do projeto.

```
void loop() {
Firebase.setString(firebase,"/msg","Ola mundo!");
}
```

Programa completo

```
#include <ESP8266WiFi.h>
#include <FirebaseESP8266.h>
#define login "Altsyn_02" // login do Wifi
#define senha "44546670"  // senha do Wifi
```

```
#define url_firebase "projeto-altsyn-default-rtdb.firebaseio.com" // URL do
projeto
#define senha_firebase "5GlfwQ15rdVxyyMrLlzlUWWnvQdRbUtkH3MSt95h"
//Senha do projeto
FirebaseData firebase;
void setup() {
WiFi.begin(login, senha);
while (!WiFi.status()){
delay(500);
}
Firebase.begin(url_firebase, senha_firebase);
}
void loop() {
Firebase.setString(firebase,"/msg","Ola mundo!");
}
```

Agora, após carregado o programa no WEMOS, deve-se verificar se a mensagem chegou até o RealtimeDatabase do Firebase.

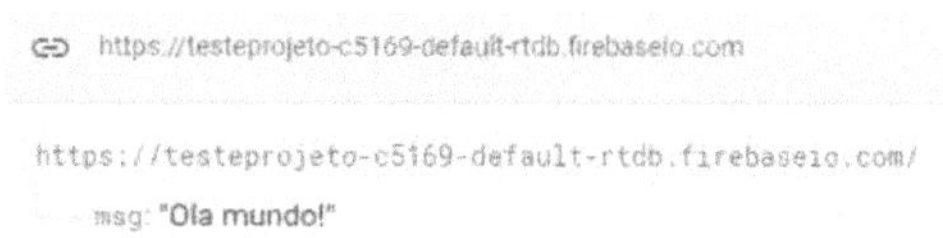

Figura 112: Recebendo uma mensagem do WEMOS

Enviando uma temperatura para a nuvem

O projeto agora medirá a temperatura ambiente e enviará esse dado para a nuvem Firebase. O valor da temperatura ficará sendo atualizado a cada três segundos no Realtime Database.

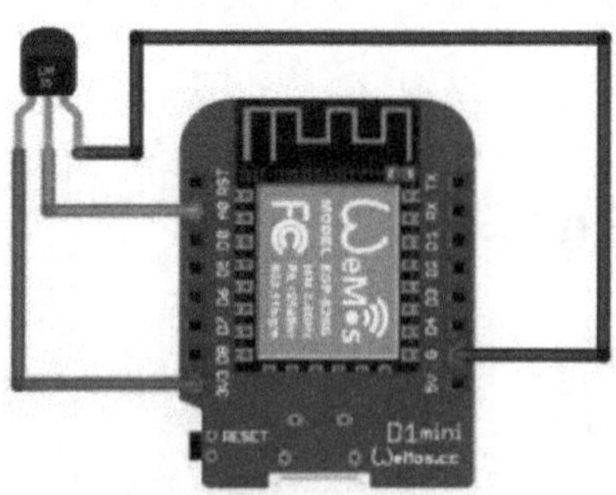

Figura 113: Enviando a temperatura local para a nuvem Firebase

Lista de componentes

- Placa WEMOS d1 Mini
- Sensor de temperatura LM35

Todas as inicializações, assim como o *void setup*, serão idênticas às do programa anterior. A única diferença é que agora deverá ser criada uma variável *t* para ser carregado o valor da temperatura a ser transmitida.

```
#include <ESP8266WiFi.h>
#include <FirebaseESP8266.h>
#define login "Altsyn_02" // login do Wifi
#define senha "44546670"  // senha do Wifi
#define url_firebase "projeto-altsyn-default-rtdb.firebaseio.com" // URL do
projeto
#define senha_firebase "5GlfwQ15rdVxyyMrLlzlUWWnvQdRbUtkH3MSt95h"
// Senha do projeto
FirebaseData firebase;
int t;
void setup() {
WiFi.begin(login, senha);
while (!WiFi.status()){
delay(500);
}
Firebase.begin(url_firebase, senha_firebase);
}
```

No *void loop*, a princípio, será lida a entrada do pino analógico A0 e convertida para o valor real da temperatura.

```
void loop() {
t=analogRead(A0);
t=map(t,0,1023,0,330);
```

Após isso será enviada a variável *t*, contendo a informação da temperatura local, para o endereço *temp* do projeto no Firebase a cada três segundos.

```
Firebase.setInt ( firebase, "/temp" ,t);
delay(3000);
}
```

Programa completo

```
#include <ESP8266WiFi.h>
#include <FirebaseESP8266.h>
#define login "Altsyn_02" // login do Wifi
#define senha "44546670"  // senha do Wifi
#define url_firebase "projeto-altsyn-default-rtdb.firebaseio.com" // URL do
projeto
#define senha_firebase "5GlfwQ15rdVxyyMrLlzlUWWnvQdRbUtkH3MSt95h"
// Senha do projeto
FirebaseData firebase;
int t;
void setup() {
WiFi.begin(login, senha);
while (!WiFi.status()){
delay(500);
}
Firebase.begin(url_firebase, senha_firebase);
}
void loop() {
t=analogRead(A0);
t=map(t,0,1023,0,330);
Firebase.setInt ( firebase, "/temp" ,t);
delay(3000);
}
```

Acionando uma carga através do Firebase

No próximo projeto será ligada uma carga quando o WEMOS receber *1* e desligada quando receber *0*. Sempre que houver uma mudança no estado da carga, o WEMOS avisará ao Firebase a sua condição (se está ligada ou desligada).

Lista de componentes

- Placa WEMOS d1 Mini
- Módulo relé 1 canal 5V
- Transistor BC547
- Resistores de 2.2KΩ x 1/4W

Hardware

Como agora será ativada uma carga com o WEMOS, surge um problema: o WEMOS aciona na saída uma tensão de 3.3V, mas o relé trabalha com 5V. Para que seja possível acionar então o relé, será necessário o uso de um transistor, como mostrado no desenho da Figura 114.

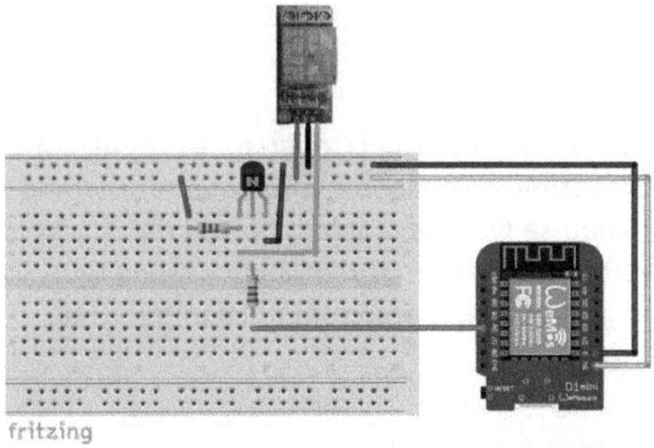

Figura 114: Esquema de ligação do WEMOS com o relé para acionar uma carga

Como o módulo relé do projeto é ativado com nível 0 na entrada, será necessário colocar nível 1 na saída de D6 (pino 12 do ESP8266), para que o transistor sature. Assim que o transistor saturar, a tensão na entrada do relé irá cair, ativando-o.

Software

As inicializações serão idênticas às dos programas anteriores. A única diferença será no *void setup*, onde será habilitado, desta vez, o monitor serial e configurado um pino do WEMOS como saída para acionar o relé (escolheu-se o pino 12 do ESP8266, que, na pinagem do WEMOS, corresponde ao pino D6).

```
#include <ESP8266WiFi.h>
#include <FirebaseESP8266.h>
#define login "Altsyn_02" // login do Wifi
#define senha "44546670"  // senha do Wifi
#define url_firebase "projeto-altsyn-default-rtdb.firebaseio.com" // URL do
projeto
#define senha_firebase "5GlfwQ15rdVxyyMrLlzlUWWnvQdRbUtkH3MSt95h"
// Senha do projeto
FirebaseData firebase;
```

```
void setup() {
Serial.begin(9600);
pinMode(12,OUTPUT);
WiFi.begin(login, senha);
while (!WiFi.status()){
delay(500);
}
Firebase.begin(url_firebase, senha_firebase);
}
```

No *void loop* será utilizada a função *.getString()* para retornar nível alto (verdadeiro) caso esta receba uma *string* do endereço *carga* que será gerado no Firebase (lembrando que denominou-se *firebase* o objeto que irá dialogar com a biblioteca). Se a condicional for verdadeira, será escrito o valor da *string* (que fica salva na função *stringData( ),* como já vimos anteriormente) no monitor serial.

```
void loop() {
if (Firebase.getString(firebase, "/carga")) {
Serial.println(firebase.stringData());
```

Após isso, serão realizadas as comparações: se o conteúdo da função *.stringData( )* for *1,* o programa ligará o relé (colocando nível alto na saída D6 para saturar o transistor) e enviará a mensagem LIGADO para o endereço *estado* do Firebase, avisando a condição em que a carga se encontra. Caso o conteúdo da função seja *0,* o programa desligará o relé (colocando nível baixo em D6 a fim de cortar o transistor) e enviará a mensagem DESLIGADO para o endereço *estado* do Firebase.

Ao final, um *delay* será colocado para que o programa monitore a nuvem Firebase a cada 1 segundo.

```
if (firebase.stringData() == "1")  {
digitalWrite(12, HIGH);
Firebase.setString ( firebase, "/estado" , "LIGADO" );
}
if (firebase.stringData() == "0") {
digitalWrite(12, LOW);
Firebase.setString ( firebase, "/estado" , "DESLIGADO" );
}
}
delay(1000);
}
```

Programa completo

```
#include <ESP8266WiFi.h>
#include <FirebaseESP8266.h>
#define login "Altsyn_02" // login do Wifi
#define senha "44546670"  // senha do Wifi
#define url_firebase "projeto-altsyn-default-rtdb.firebaseio.com" // URL do
projeto
#define senha_firebase "5GlfwQ15rdVxyyMrLlzlUWWnvQdRbUtkH3MSt95h"
// Senha do projeto
FirebaseData firebase;
void setup() {
Serial.begin(9600);
pinMode(12,OUTPUT);
WiFi.begin(login, senha);
while (!WiFi.status()){
delay(500);
}
Firebase.begin(url_firebase, senha_firebase);
}
void loop() {
if (Firebase.getString(firebase, "/carga")) {
Serial.println(firebase.stringData());
if (firebase.stringData() == "1")  {
digitalWrite(12, HIGH);
Firebase.setString ( firebase, "/estado" , "LIGADO" );
}
if (firebase.stringData() == "0") {
digitalWrite(12, LOW);
Firebase.setString ( firebase, "/estado" , "DESLIGADO" );
}
}
delay(1000);
}
```

Teste do projeto

Entre na sua conta do Firebase e clique em "Ir para o console" para acessar o projeto.

Figura 115: Teste do projeto para acionar uma carga pela nuvem Firebase

Clique no seu projeto.

Figura 116: Teste do projeto para acionar uma carga pela nuvem Firebase

Clique em Realtime Database.

Figura 117: Teste do projeto para acionar uma carga pela nuvem Firebase

Passe o mouse ao lado do nome do projeto e clique no símbolo + (*add child*).

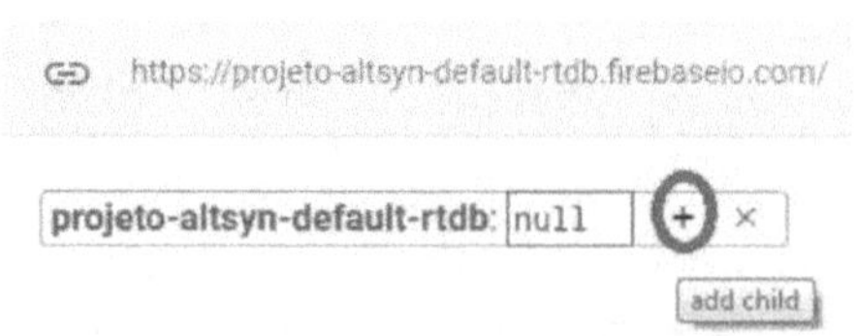

Figura 118: Teste do projeto para acionar uma carga pela nuvem Firebase

Em *nome* (ou *carga*) será escrito o endereço *carga* (que, no programa, foi o nome do endereço que o WEMOS ficará monitorando), e em *valor* (caso peça antes o tipo de variável a ser enviada, clique em *string*) será escrito *1* (valor que foi arbitrado no WEMOS para ligar a carga no pino D6). Clicar agora em "Adicionar".

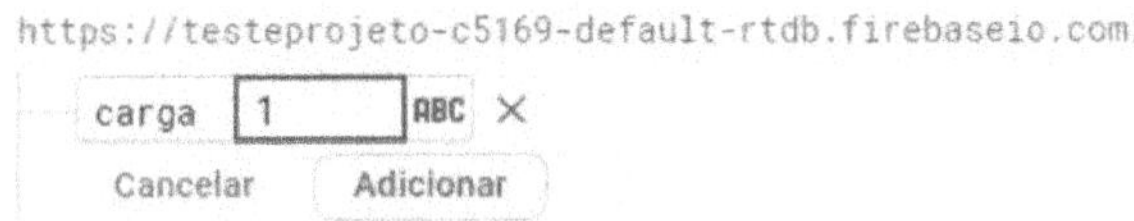

Figura 119: Teste do projeto para acionar uma carga pela nuvem Firebase

Se tudo deu certo, a carga deve ter ligado e o Firebase deve ter recebido, no endereço *estado*, a palavra LIGADO.

Figura 120: Teste do projeto para acionar uma carga pela nuvem Firebase

Agora, após clicar sobre o endereço *carga*, deve-se mudar o valor de *1* para *0* e apertar a tecla "Enter" do teclado.

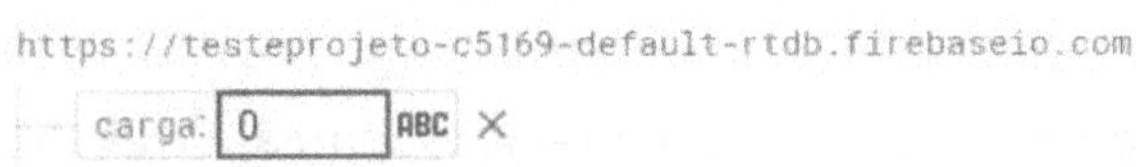

Figura 121: Teste do projeto para acionar uma carga pela nuvem Firebase

Agora a carga deve desligar e o endereço *estado* deve passar para DESLIGADO.

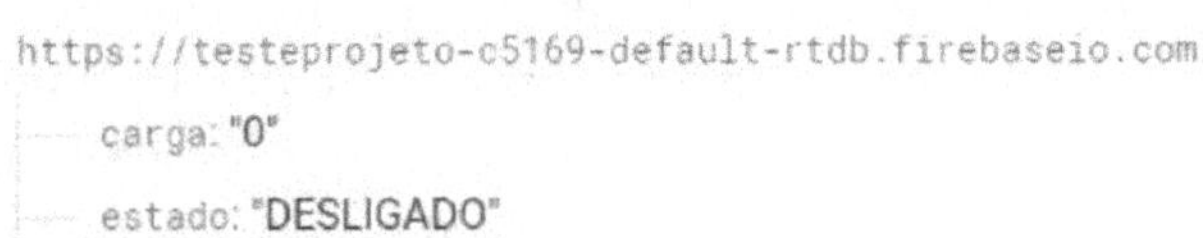

Figura 122: Teste do projeto para acionar uma carga pela nuvem Firebase

Ih! Não funcionou!

- Verifique no monitor serial se as mensagens *1* e *0* chegam quando as envia do Firebase.
- Caso as mensagens não cheguem no monitor serial, carregue novamente no WEMOS o programa de teste de envio de mensagem, que foi visto no início deste capítulo, para verificar se esta chega ao Firebase. Caso não esteja chegando, pode ser um problema de conexão com o *wifi* ou com a nuvem Firebase.
- Caso as mensagens estejam chegando no monitor serial, verificar com um multímetro se, ao chegar a mensagem *1*, aparece um nível alto no pino 12.
- Caso apareça, o problema está na montagem do transistor com o relé. Caso não apareça, verificar se há algum erro na digitação do programa.

18
Comunicação com o MQTT

O que é o protocolo MQTT

Com o avanço das tecnologias IoT, começou a se notar que o protocolo de comunicação normalmente utilizado, o HTTP, não era o melhor para projetos que necessitam enviar apenas poucos dados pela internet, como informações para ligar e desligar uma carga ou enviar a informação de um sensor.

Encontrou-se então um protocolo com melhor foco para trabalhar com a internet das coisas: o MQTT, que significa *Message Queuing Telemetry Transport* (algo como "Transporte de Telemetria de Enfileiramento de Mensagens").

O MQTT tem como prioridade dados (e não documentos inteiros, como o HTTP). Devido a isso, possui menor tamanho de mensagem, o que faz com que tenha uma taxa de transferência quase 100 vezes mais rápida. Por ser mais leve, garante maior autonomia, economizando mais bateria do dispositivo ao qual está ligado.

Segundo Marcelo Barros no site embarcados,

> *O padrão de troca de mensagens no MQTT é o publish/subscriber (publicador/subscritor). Neste padrão, quando um elemento da rede deseja receber uma determinada informação, ele a subscreve, fazendo uma requisição para um outro elemento da rede capaz de gerir as publicações e subscrições. Na rede MQTT este elemento é conhecido como broker, o intermediário no processo de comunicação. Elementos que desejam publicar informações o fazem também através do broker, enviando-lhe as informações que possuem (BARROS, 2015).*

Segundo Barros (2015), um dispositivo irá publicar informações no *broker* (*publish*) e, caso um usuário deseje receber tais dados (*subscriber*) ou mesmo queira responder ao *broker* (o que também o torna um *publish*), terá de requisitá-lo para o tal dispositivo que está gerindo todo o processo.

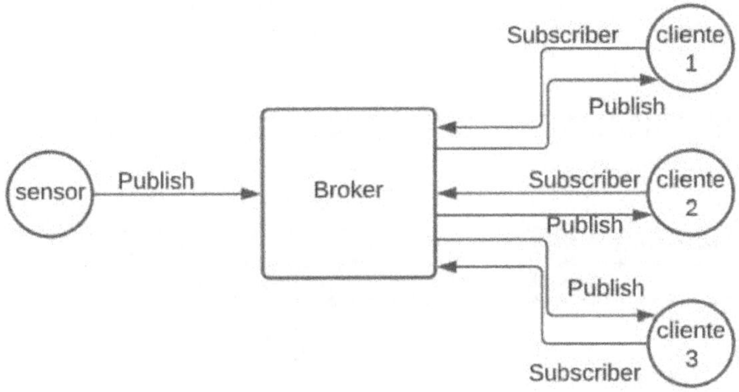

Figura 123: Protocolo MQTT

A identificação das mensagens se dá através de tópicos, endereços criados na programação para onde os dados serão enviados e guardados no *broker*. Dispositivos ligados à rede poderão enviar diversos tópicos e os subscritores poderão escolher os tópicos que desejam subscrever.

Todo processo de conexão estabelece também um nível de qualidade de serviço entre as partes envolvidas (QoS, de *Quality of Service*). São eles o QoS 0 (chamado de "no máximo uma vez"; envia a mensagem uma vez e quem envia não obrigatoriamente mantém a mensagem armazenada), o QoS 1 (modo de transferência padrão, conhecido como "no mínimo uma vez"; envia a mensagem uma ou mais vezes até receber a confirmação de entrega; a mesma mensagem pode ser recebida repetidas vezes) e o QoS 2 (conhecido como "exatamente uma vez"; onde há confirmação de recebimento e a mensagem é recebida somente uma vez).

A biblioteca PubSubclient

Para trabalhar com o protocolo MQTT deve-se instalar a biblioteca PubSubclient.h. Essa biblioteca servirá para qualquer transmissão utilizando o protocolo MQTT, independentemente do *broker* utilizado.

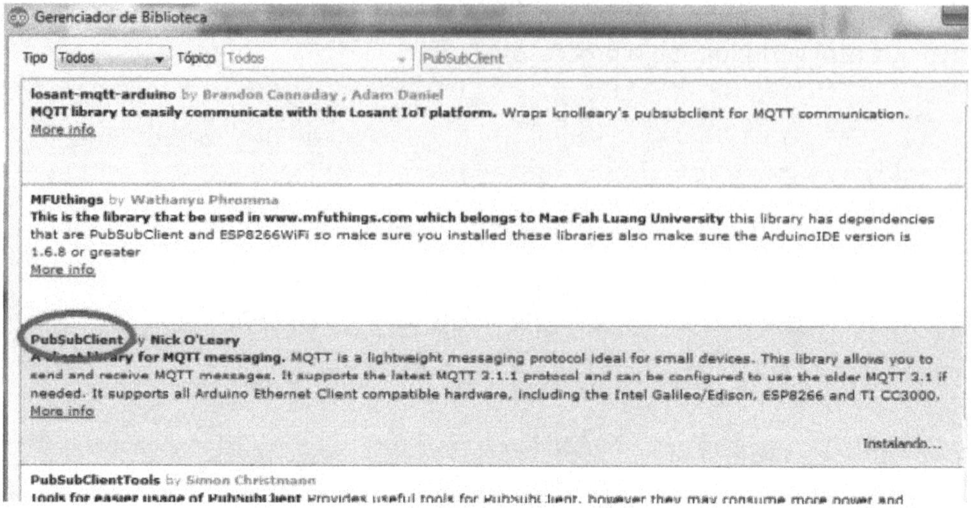

Figura 124: Biblioteca PubSubClient

Funções da biblioteca PubSubClient

```
PubSubClient cliente(altsyn);
```

Associa o objeto da biblioteca do *wi-fi* (ESP8266WiFi.h) com a da biblioteca PubSubClient.h (no exemplo, *altsyn* é o objeto da biblioteca ESP8266WiFi.hl e *cliente* é o objeto da biblioteca PubSubClient.h). Assim, sempre que necessitar, a biblioteca, para se comunicar ao *broker*, poderá utilizar a biblioteca do *wi-fi* local para se conectar à internet.

```
client.setServer(servidor, porta);
```

Informa o endereço do *broker* e o número da porta do servidor à biblioteca. No caso de um *broker* gratuito, como o que será utilizado, o número da porta do servidor é 1883.

```
client.connected( )
```

Verifica se o cliente está conectado ao *broker*. Caso esteja, retorna nível alto (verdadeiro). É utilizado junto à condicional *if*.

```
client.connect(identificação do cliente, login do broker, senha do broker);
```

Função para se conectar ao *broker*. A senha e o *login* do MQTT só devem ser colocadas quando houver. Caso contrário, deverá ser criada somente uma identificação.

```
client.subscribe( topico );
```

Indica ao *broker* o nome do tópico do qual serão requisitadas as informações.

```
client.publish(topico,"informação", true);
```

Publica uma informação no tópico correspondente.

```
client.setCallback(nome da função);
```

Avisa à biblioteca o nome da função em que será tratada a informação requisitada ao tópico.

```
client.loop();
```

Verifica se chegou alguma informação.

Enviando uma mensagem para o MQTT

Neste primeiro exemplo será enviada uma mensagem para o *broker* MQTT *Dashboard*, que utiliza o *broker* HiveMQ MQTT. Lembrando que, por ser um *broker* gratuito, não deve ser utilizado para informações confidenciais, pois, como não há uma senha ou um *login*, todos poderão acessá-lo. Aconselha-se então criar um tópico com um nome bem diferente, para que seja bem difícil outro usuário também utilizar o mesmo nome que o seu.

Lista de material:

- Placa WEMOS d1 Mini

O programa

A primeira coisa que deve ser realizada no programa é, obviamente, a inclusão das duas bibliotecas: a de conexão do *wi-fi* e a do acesso ao *broker* MQTT.

```
#include <ESP8266WiFi.h>
#include <PubSubClient.h>
```

Agora serão definidos o *login* e a senha do *wi-fi*, o *broker* que será utilizado e será criada uma identificação para acessá-lo (lembre-se de criar um ID bem diferente para evitar problemas).

```
#define login "Altsyn_02" // login do Wifi
#define senha "44546670" // senha do Wifi
#define broker  "broker.mqtt-dashboard.com"
#define ID_MQTT  "ID_altsyn"
// Escolha o nome de um identificador diferente para você
```

Será criado o objeto para acessar a biblioteca ESP8266WiFi.h.

```
WiFiClient altsynmqtt;
```

O próximo passo é associar o objeto que foi criado para a biblioteca do *wi-fi* (*altsynmqtt*) com o objeto que será criado para a biblioteca de acesso ao *broker* (o qual será nomeado de *clientemqtt*). Assim, as duas bibliotecas estarão trabalhando de forma conjunta para acessar as informações na nuvem.

```
PubSubClient clientemqtt(altsynmqtt);
```

Dentro do *void setup* o programa irá conectar o WEMOS ao *wi-fi*, como já fizemos anteriormente.

```
void setup() {
WiFi.begin(login, senha);
while (!WiFi.status()) {
delay(500);
}
```

O *broker* a ser acessado e o número da porta do servidor serão enviados para a biblioteca PubSubClient.h.

```
clientemqtt.setServer(broker,1883);
delay(500);
}
```

Dentro do *void loop* será colocada uma condicional para verificar quando a conexão com o *broker* foi realizada (através da função *.connected( )*). O programa ficará preso dentro dessa condicional, testando a conexão a cada meio segundo, até que o ID se conecte ao *broker* através da função *.connect( )*.

```
void loop ( ) {
while(!clientemqtt.connected()) {
 clientemqtt.connect(ID_MQTT);
 delay(500);
 }
```

Uma vez conectado, a cada meio segundo, será enviada a mensagem *Olá mundo!* para o tópico *altsyn12344321* (lembre-se de criar um tópico com nome bem diferente a fim de evitar problemas com outros projetos que também utilizam esse *broker*).

```
//crie um tópico com um nome diferente
clientemqtt.publish("altsyn12344321","Olá mundo!",true);
delay(500);
 }
```

Programa completo

```
#include <ESP8266WiFi.h>
#include <PubSubClient.h>
#define login "Altsyn_02" // login do Wifi
#define senha "44546670"  // senha do Wifi
#define broker  "broker.mqtt-dashboard.com"
#define ID_MQTT  "ID_altsyn" // Escolha o nome de um identificador
diferente para você
WiFiClient altsynmqtt;
PubSubClient clientemqtt(altsynmqtt);
void setup() {
WiFi.begin(login, senha);
while (!WiFi.status()) {
delay(500);
}
clientemqtt.setServer(broker,1883);
delay(500);
}
void loop ( ) {
while(!clientemqtt.connected()) {
 clientemqtt.connect(ID_MQTT);
 delay(500);
 }
clientemqtt.publish("altsyn12344321","Olá mundo!",true);
delay(500);
}
```

Como monitorar as mensagens pelo PC

Utilizando o MQTTBox

O MQTTBox é uma extensão do Google Chrome que permite a conexão com o *broker* a fim de monitorar as informações trocadas entre este e os dispositivos ligados a essa rede.

Basta se conectar com a conta do Google, entrar na página do programa e abrir o aplicativo.

Após entrar no aplicativo, deve-se clicar em "Create MQTT client" e a tela da Figura 125 se abrirá.

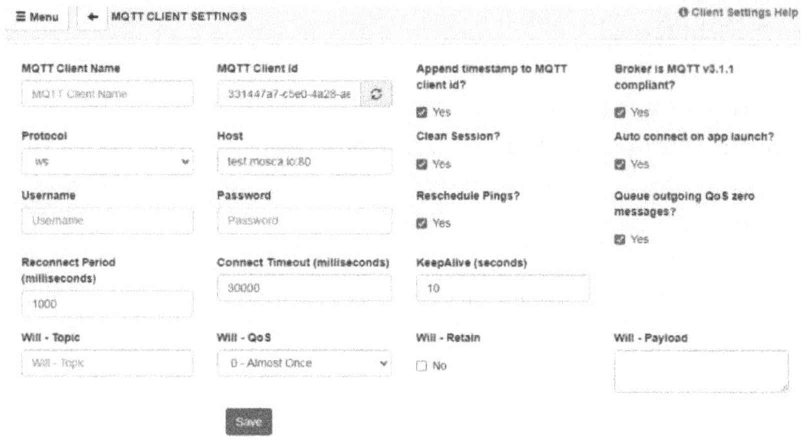

Figura 125: MQTTBox

Aqui o usuário deve criar um nome de cliente, selecionar o protocolo como *mqtt/tcp*, preencher o *host* com o endereço do *broker* com o qual irá se comunicar e escolher a qualidade do serviço (no exemplo, foi QoS1).

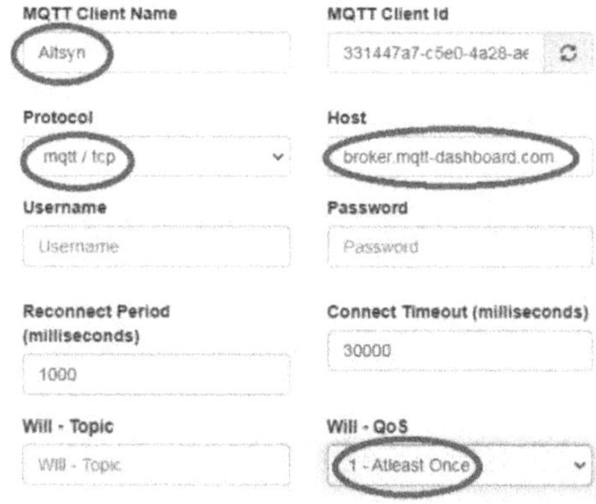

Figura 126: Configurando o MQTTBox

Após clicar em *Save*, abrirá uma nova tela. Caso esteja tudo certo, a página mostrará a palavra *Connected* em verde, indicando que está conectada ao *broker*.

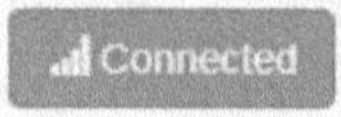

Figura 127: MQTTBox conectado

Após carregado o programa na placa WEMOS, para monitorar a mensagem enviada deve ser preenchido em *Topic to subscribe* o nome do tópico que foi colocado no programa para direcionar a mensagem (que no nosso exemplo é *altsyn12344321*) e a qualidade do serviço. Clicando em *Subscribe* a mensagem enviada pelo seu dispositivo deve aparecer na tela.

Figura 128: Recebendo uma mensagem no MQTTBox

Utilizando o MQTT Dash no celular

O MQTT Dash é um dos melhores e mais fáceis aplicativos gratuitos para uso do MQTT no celular. Pode ser baixado facilmente na loja de aplicativos do seu telefone.

Após instalado, siga os passos:

Clique no ícone "+" na sua tela inicial. Será aberta a configuração de uma nova conexão.

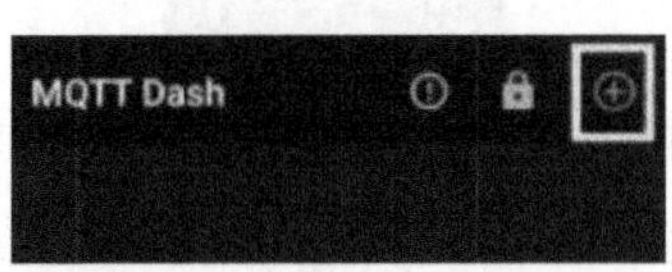

Figura 129: Aplicativo MQTT Dash

Insira as seguintes informações:

- ***Name*** – Um título que será dado ao programa.
- ***Address*** – Endereço do *broker*.
- ***Port*** – Número da porta do servidor.

Figura 130: Aplicativo MQTT Dash

Salve tocando no disquete na parte superior direita.

Figura 131: Aplicativo MQTT Dash

Com a conexão configurada corretamente, clique no nome do projeto (no caso, *mensagem*) e depois no sinal de "+" dentro do *dashboard* criado.

Figura 132: Aplicativo MQTT Dash

Para configurar a leitura da mensagem clique em *Text*.

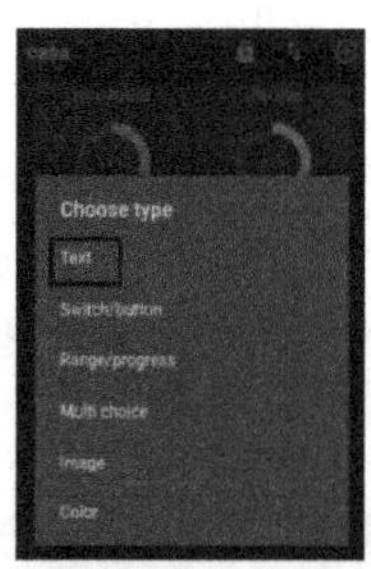

Figura 133: Aplicativo MQTT Dash

Para exibir a mensagem, em *Name* será criado um nome para a caixa de mensagem e em *Topic* será colocado o nome do tópico da mensagem que será enviada para o *broker* MQTT.

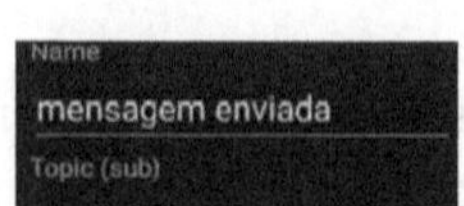

Figura 134: Aplicativo MQTT Dash

Configure também o tamanho da fonte da mensagem para pequena, média ou grande, a sua cor e a qualidade do serviço.

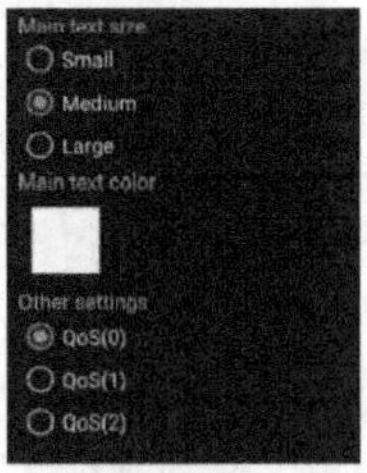

Figura 135: Aplicativo MQTT Dash

Ao salvar no disquete no alto da tela, aparecerá a caixa de texto com a mensagem enviada pelo dispositivo.

Figura 136: Aplicativo MQTT Dash

Enviando a temperatura local para o MQTT

Neste novo projeto será medida a temperatura ambiente de um determinado local com um LM35 e enviada para o *broker* a fim de que tal informação seja monitorada no celular através do programa MQTT Dashboard.

Lista de componentes

- Placa WEMOS d1 Mini
- Sensor de temperatura LM35

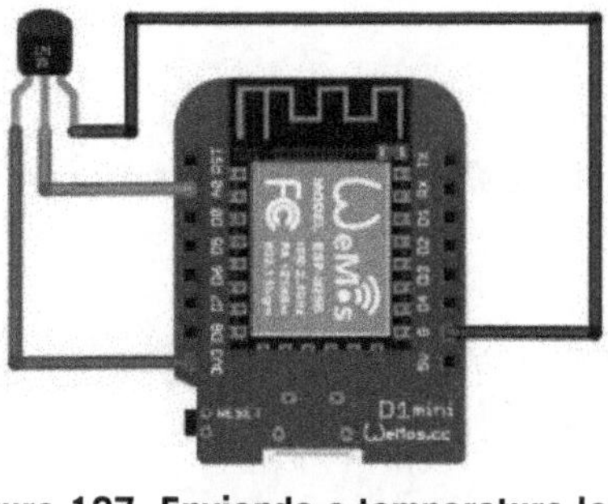

Figura 137: Enviando a temperatura local

Toda configuração inicial do programa será bem parecida com a do programa anterior. A diferença é que, como a informação que será enviada para o *broker* tem que ser obrigatoriamente uma *string*, temos que incluir agora a biblioteca stdlib.h, que tem exatamente como uma de suas funções possibilitar a conversão de um número inteiro em uma série de caracteres e alocá-lo em um espaço de memória no programa.

```
#include <ESP8266WiFi.h>
#include <PubSubClient.h>
#include <stdlib.h>
#define login "Altsyn_02" // login do Wifi
#define senha "44546670"  // senha do Wifi
#define broker  "broker.mqtt-dashboard.com"
#define ID_MQTT  "ID_altsyn"
// Escolha o nome de um identificador diferente para você
WiFiClient altsynmqtt;
PubSubClient clientemqtt(altsynmqtt);
```

Será criada uma variável *t* onde será guardado o valor da temperatura lida pelo LM35.

```
int t;
```

Será declarado um *array*, o qual chamaremos de *temperatura*, onde será guardado o conjunto de caracteres para o qual foi convertida a temperatura. Lembrando que, como o LM35 só lê temperaturas até 150ºC, um *array* para guardar três caracteres será o suficiente.

```
char temperatura[3];
```

O *void setup* será idêntico ao do programa anterior.

```
void setup() {
WiFi.begin(login, senha);
while (!WiFi.status()) {
delay(500);
}
clientemqtt.setServer(broker,1883);
delay(500);
}
```

O *void loop* será iniciado da mesma maneira do programa anterior, conectando-se ao *broker*.

```
void loop ( ) {
while(!clientemqtt.connected()) {
 clientemqtt.connect(ID_MQTT);
 delay(500);
  }
```

O próximo passo será ler o valor da entrada A0, onde está o sensor LM35, e, utilizando a função *map( )*, convertê-lo para o valor real da temperatura.

```
t = analogRead(A0);
t= map(t,0,1023,0,300);
```

A novidade agora será a utilização da função *itoa( )* possibilitada pelo uso da biblioteca stdlib.h no programa. Essa função consegue pegar um número inteiro e transformá-lo em um conjunto de caracteres (o nome "itoa" vem da abreviação de *int to alphanumeric*). Seu formato é visto a seguir:

```
itoa(valor a ser convertido, array onde será guardada a conversão, base
numérica a qual o número será convertido);
```

Para converter então a temperatura em uma *string* no programa em questão, será realizada a seguinte instrução:

```
itoa(t,temperatura,10);
```

Agora basta enviar a temperatura para um endereço, que nomearemos de *altsyntemperatura4321*, a cada 1 segundo.

```
clientemqtt.publish("altsyntemperatura4321", temperatura, true);
delay(1000);
}
```

Programa completo

```
#include <ESP8266WiFi.h>
#include <PubSubClient.h>
#include <stdlib.h>
#define login "Altsyn_02" // login do Wifi
#define senha "44546670"  // senha do Wifi
#define broker  "broker.mqtt-dashboard.com"
#define ID_MQTT  "ID_altsyn"
// Escolha o nome de um identificador diferente para você
WiFiClient altsynmqtt;
PubSubClient clientemqtt(altsynmqtt);
int t;
char temperatura[3];
void setup() {
WiFi.begin(login, senha);
```

```
while (!WiFi.status()) {
delay(500);
}
clientemqtt.setServer(broker,1883);
delay(500);
}
void loop() {
while(!clientemqtt.connected()) {
clientemqtt.connect(ID_MQTT);
delay(500);
}
t = analogRead(A0);
t= map(t,0,1023,0,300);
itoa(t,temperatura,10);
clientemqtt.publish("altsyntemperatura4321", temperatura, true);
delay(1000);
}
```

Configurando o MQTT Dash

Para ficar mais "apresentável" o valor da temperatura, será adicionado um elemento do tipo *Range/progress*, configurando da seguinte forma:

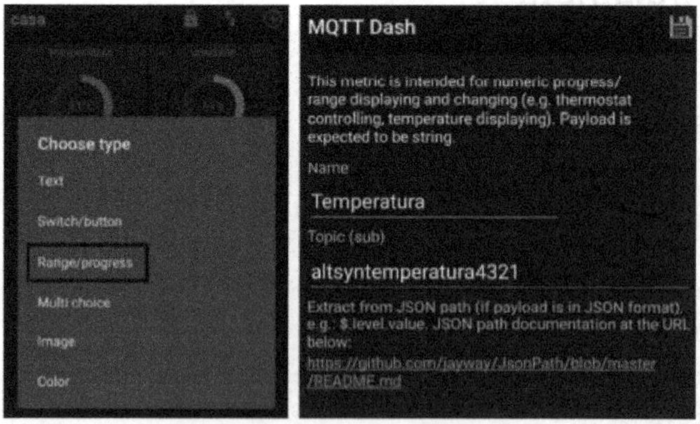

Figura 138: Aplicativo MQTT Dash

Serão configurados agora o *range* do gráfico (no exemplo, de 0 a 100), a sua cor e a qualidade do serviço.

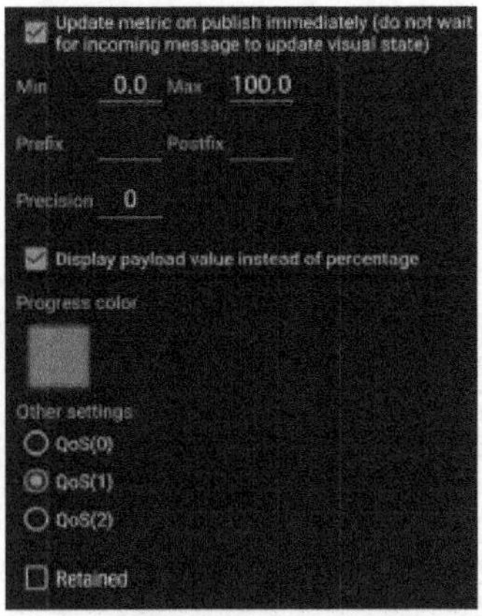

Figura 139: Aplicativo MQTT Dash

No final teremos a temperatura mostrada através de um *display* gráfico.

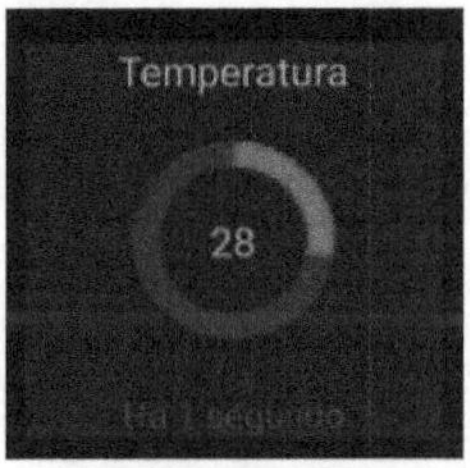

Figura 140: Aplicativo MQTT Dash

Ligando e desligando uma carga com o MQTT

Como último projeto, será ligada e desligada uma carga pela internet utilizando o protocolo MQTT.

Lista de componentes

- Placa WEMOS d1 Mini
- Módulo relé 1 canal 5V
- Transistor BC547
- Resistores de 2.2KΩ x 1/4W

O circuito será idêntico ao que já foi realizado com a nuvem Firebase, usando um transistor para conseguir ativar o relé.

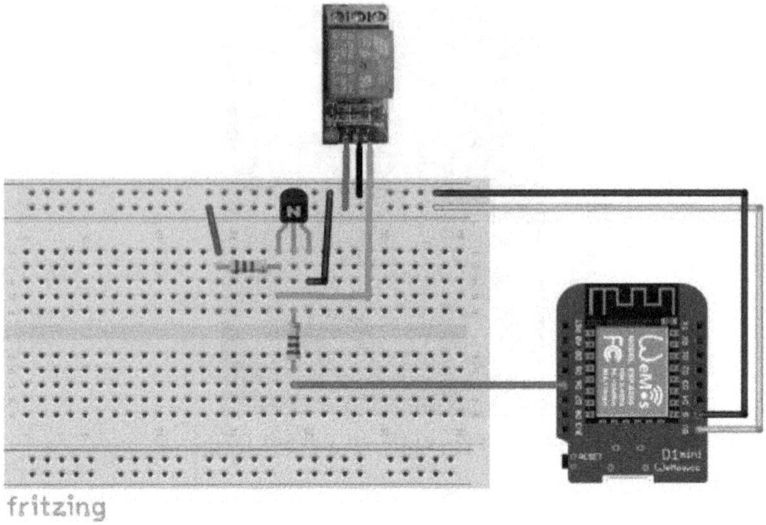

Figura 141: Esquema de ligação do WEMOS com o relé

Ponteiros

Antes de iniciar a explicação do software, é necessário entender um pouco o conceito de ponteiros.

Em linguagem C, um ponteiro é uma variável que guarda não um dado, mas sim o endereço da memória onde este dado está guardado. Para determinar que aquela variável é um ponteiro, devemos utilizar um asterisco (*).

Observe a seguinte instrução:

```
Char* p= "Altsyn";
```

Nela, a variável *p* não está guardando a *string Altsyn*, e sim o endereço da memória onde está guardado o primeiro caractere da *string*, no caso, a letra A.

Partindo desse raciocínio, a variável *char** guarda o endereço de memória onde foi alocado um caractere, a variável *int** aponta para um endereço de memória onde foi guardado um número inteiro, e assim por diante.

Uma das formas de resgatar, por exemplo, a letra A da string *Altsyn* seria fazer a seguinte instrução:

```
char letra = (char) p [0];
```

Nela, o caractere contido no endereço 0, primeiro endereço para o qual o ponteiro *p* está apontando, será carregado na variável *letra*.

Caso seja feita, agora, a instrução a seguir:

```
char letra = (char) p [1];
```

Dentro da variável *letra* será guardada a letra *l* (da String *Altsyn*), que está no segundo endereço para o qual *p* está apontando. E assim por diante.

Software

As inicializações serão as mesmas dos programas anteriores.

```
#include <ESP8266WiFi.h>
#include <PubSubClient.h>
#define login "Altsyn_02" // login do Wifi
#define senha "44546670"  // senha do Wifi
#define broker  "broker.mqtt-dashboard.com"
#define ID_MQTT  "ID_altsyn"
// Escolha o nome de um identificador diferente para você
WiFiClient altsynmqtt;
PubSubClient clientemqtt(altsynmqtt);
```

O *void setup* será iniciado da mesma maneira que as anteriores, apenas deve ser configurado, agora, um pino como saída para ativar o relé.

```
void setup() {
pinMode (12, OUTPUT);
WiFi.begin(login, senha);
while (!WiFi.status()) {
delay(500);
}
clientemqtt.setServer(broker,1883);
```

A novidade agora é que, como será recebido um dado proveniente do *broker*, deve-se avisar à biblioteca PubSubClient.h, através da função *.setCallback( )*, o nome que será dado à função na qual serão tratados os dados a serem recebidos (no exemplo, a função foi nomeada *ativa_carga*).

```
clientemqtt.setCallback(ativa_carga);
delay(500); }
```

O *void loop* será iniciado conectando o WEMOS ao *broker*, como já foi feito anteriormente.

```
void loop() {
while(!clientemqtt.connected()) {
clientemqtt.connect("ID_MQTT");
```

O que irá diferenciar agora dos programas anteriores é que, como será recebida uma informação do *broker*, deve-se avisar ao programa, através da função *.subscribe( )*, o nome do tópico onde será buscada essa informação (lembre-se de criar um nome bem diferente, pois se trata de um *broker* gratuito. No exemplo será criado o tópico *Altsynativacarga1*).

```
cliente.subscribe ("Altsynativacarga1");
delay(500);
}
```

Finalmente será colocada a função *.loop( )*, que fica monitorando o *broker* a fim de resgatar as informações contidas neste.

```
clientemqtt.loop();
delay(500); }
```

Após o *void loop*, será criada a função que tratará a informação recebida do tópico subscrito no *broker*. A estrutura dessa função deve ser a seguinte:

- Nome da função (como já foi determinado lá no *void setup*, na função *setCallback( )*, o nome dado à função que tratará os dados recebidos será *ativa_carga*).
- Um ponteiro *char* que apontará o endereço da memória onde foi guardado o nome do tópico que recebeu a mensagem (este apontador será nomeado simplesmente de *topico*).
- Um ponteiro *byte* que apontará o endereço da memória onde foi guardada a mensagem recebida do *broker* (que será nomeado de *mensagem*).
- Uma variável *unsigned int* que guardará o tamanho desta mensagem, quer dizer, quantos caracteres foram recebidos (que será nomeada de *tamanho*).

```
void ativa_carga(char* topico, byte* mensagem, unsigned int tamanho)
```

Dentro dessa função, será comparada a mensagem recebida no endereço 0 do ponteiro. Caso o endereço 0 apontado pelo ponteiro *mensagem* contenha a letra "a", o relé da carga será ligado e será publicada no endereço *estadodacargaaltsyn* do *broker* a informação *Ligado*.

```
if( (char)mensagem [0]=='a') {
digitalWrite(12, LOW);
clientemqtt.publish ("estadodacargaaltsyn","Ligado",true);
}
```

Porém, caso o endereço 0 apontado pelo ponteiro *mensagem* contenha a letra "b", o relé da carga será desligado e será publicada no endereço *estadodacargaaltsyn* do broker a informação *Desligado*.

```
if( (char)mensagem [0]=='b') {
digitalWrite(12, HIGH);
clientemqtt.publish ("estadodacargaaltsyn","Desligado",true);
}
```

Programa completo

```
#include <ESP8266WiFi.h>
#include <PubSubClient.h>
#define login "Altsyn_02" // login do Wifi
#define senha "44546670"  // senha do Wifi
#define broker  "broker.mqtt-dashboard.com"
#define ID_MQTT  "ID_altsyn" // Escolha o nome de um identificador
diferente para você
WiFiClient altsynmqtt;
PubSubClient clientemqtt(altsynmqtt);
void setup() {
pinMode (12, OUTPUT);
WiFi.begin(login, senha);
while (!WiFi.status()) {
delay(500);
}
clientemqtt.setServer(broker,1883);
clientemqtt.setCallback(ativa_carga);
delay(500);
}
void loop() {
while(!clientemqtt.connected()) {
clientemqtt.connect("ID_MQTT");
clientemqtt.subscribe ("Altsynativacarga1");
```

```
delay(500);
}
clientemqtt.loop();
delay(500);
}
void ativa_carga(char* topico, byte* mensagem, unsigned int tamanho)  {
if( (char)mensagem [0]=='a') {
digitalWrite(12, LOW);
clientemqtt.publish ("estadodacargaaltsyn","Ligado",true);
}
if( (char)mensagem [0]=='b') {
digitalWrite(12, HIGH);
clientemqtt.publish ("estadodacargaaltsyn","Desligado",true);
}
}
```

Outra configuração para o MQTT Dash

O MQTT Dash será configurado dessa vez com um botão para enviar a letra "a" e a letra "b" para, respectivamente, ligar e desligar a carga.

Todo o procedimento que já foi feito anteriormente será repetido, porém será adicionado agora um *Switch/button*.

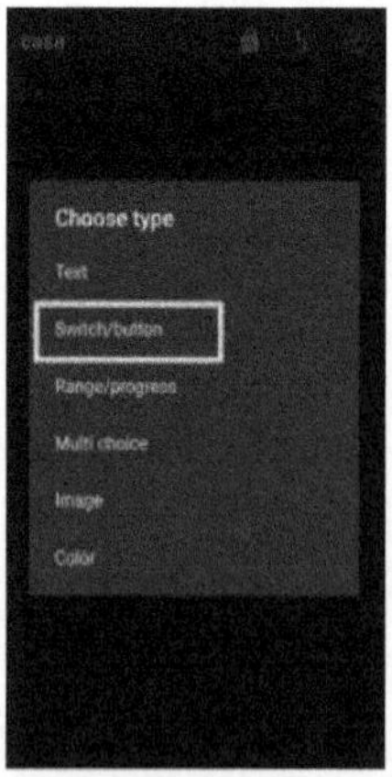

Figura 142: Aplicativo MQTT Dash

O botão, usado para acionamento da lâmpada, será nomeado de *Acionador*. Será colocado, logo em seguida, o nome do tópico para o qual a informação será enviada (o mesmo nome onde o programa irá subscrever, quer dizer, requisitar a informação).

Figura 143: Aplicativo MQTT Dash

Para a parte visual desse botão, serão configurados ícones de uma lâmpada acesa e outra apagada. Para isso, deve-se seguir os seguintes passos:

Clique no ícone da Figura 144:

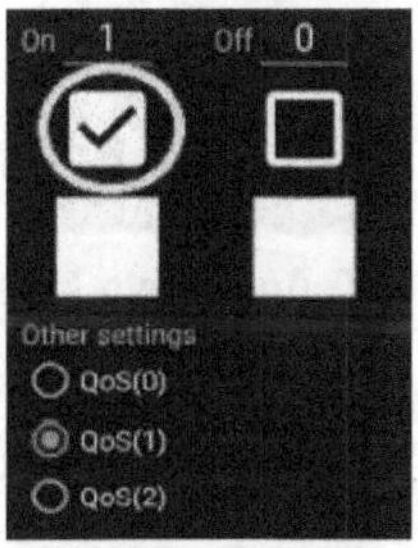

Figura 144: Aplicativo MQTT Dash

Na tela que se abre, escolha o ícone desejado.

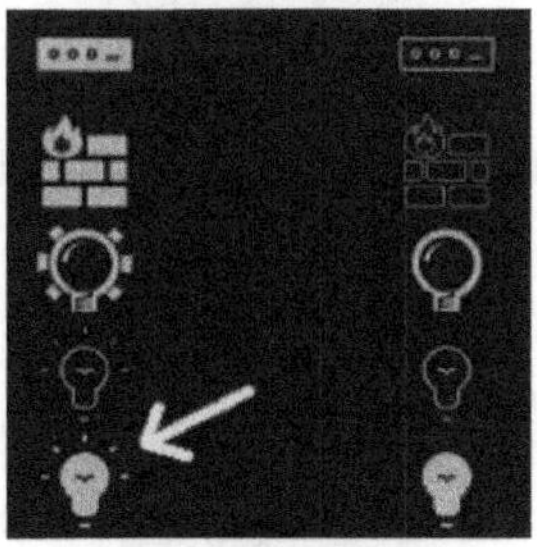

Figura 145: Aplicativo MQTT Dash

Clique agora no ícone a seguir:

Figura 146: Aplicativo MQTT Dash

Na tela que se abre, escolha a cor que deseja para o ícone escolhido e clique em "OK".

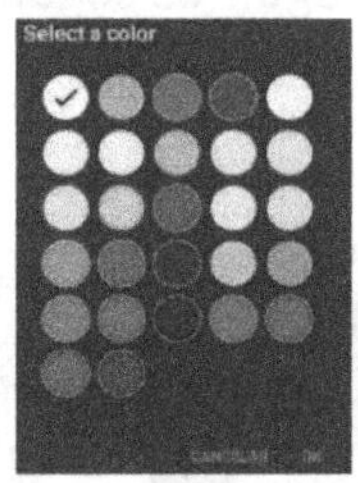

Figura 147: Aplicativo MQTT Dash

Repita o mesmo procedimento para o outro botão.

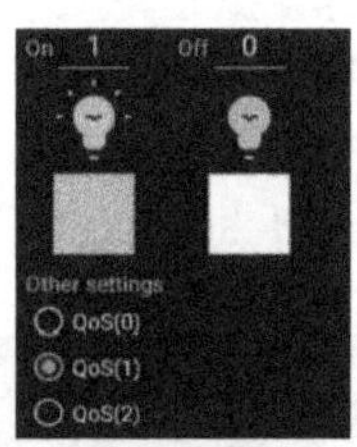

Figura 148: Aplicativo MQTT Dash

Para *On*, será enviado o caractere "a" e para *Off*, o caractere "b". Por fim, deve ser selecionado o nível de qualidade para *QoS(1)*.

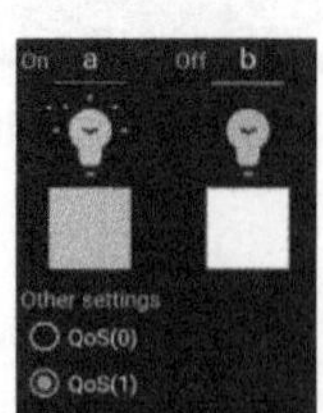

Figura 149: Aplicativo MQTT Dash

Pronto, o botão do aplicativo está configurado.

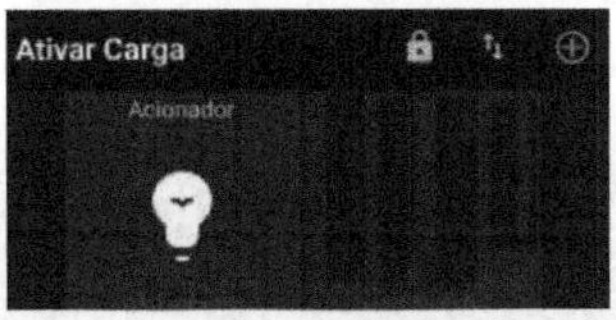

Figura 150: Aplicativo MQTT Dash

Falta agora configurar a caixa de texto para receber a mensagem. Clique no "+" e escolha *Text*.

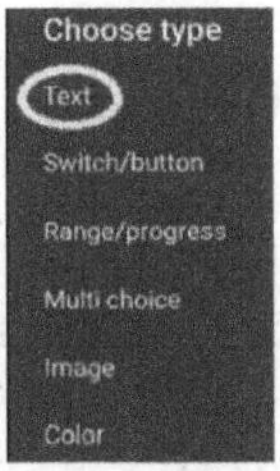

Figura 151: Aplicativo MQTT Dash

Será colocado em *Name* um nome para a caixa de mensagem e em *Topic* o nome do tópico que enviará a mensagem para o *broker* (não esqueça de configurar também o tamanho e a cor do texto e a qualidade do serviço).

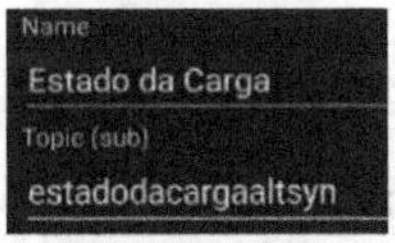

Figura 152: Aplicativo MQTT Dash

Para testar, após carregado o programa no WEMOS, ao apertar o botão com o ícone da lâmpada desligada do celular, a carga deve ser acionada, o WEMOS deve enviar para a caixa de texto do MQTT Dash a mensagem *Ligado* e o ícone do botão deve alterar para o de uma lâmpada ligada.

Figura 153: Aplicativo MQTT Dash

Ao apertar o botão com o ícone da lâmpada ligada, a carga deve desligar, a caixa de texto deve receber a mensagem *Desligado* e o ícone do botão deve alterar para o de uma lâmpada apagada.

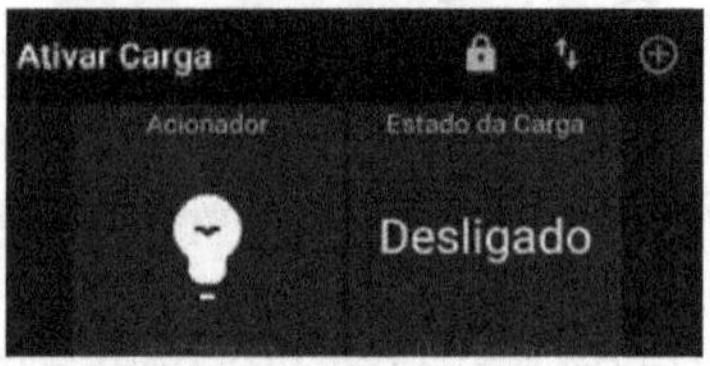

Figura 154: Aplicativo MQTT Dash

A biblioteca WiFiManager

A WiFiManager é uma biblioteca que permite conectar o WEMOS a qualquer rede *wi-fi*. Segundo Fernando Koyanagi (2018), é "uma biblioteca escrita em cima do WiFi.h para facilitar o gerenciamento de conexões *wireless*. Lembrando que, com ela, temos uma maior facilidade para configurar tanto um ponto de acesso quanto uma estação".

Para isso deve-se instalar a biblioteca WiFiManager na IDE do Arduino.

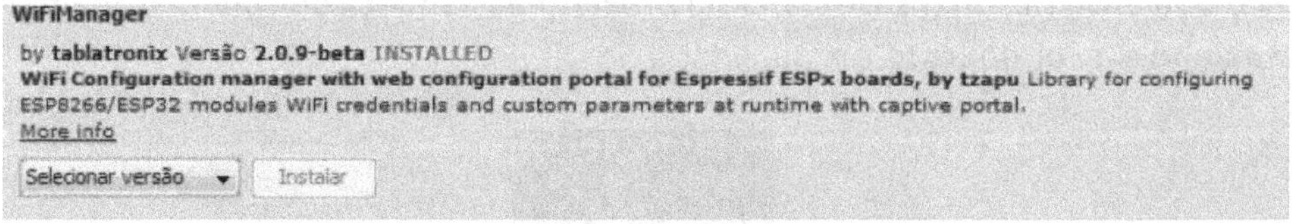

Figura 155: Biblioteca WiFiManager

Na inicialização do programa deve-se incluir, além da biblioteca ESP8266WiFi.h para acessar o *wi-fi* local e da biblioteca PubSubClient.h para acessar o *broker*, mais outras duas:

```
#include <DNSServer.h>
```

Esta biblioteca transformará o dispositivo em um servidor DNS, *Domain Name System*, ou sistema de nomes de domínios, que "são os responsáveis por localizar e traduzir para números IP os endereços dos sites que digitamos nos navegadores" (COSTA, 2022).

```
#include <WiFiManager.h>
```

Esta é a biblioteca para trabalhar com o WiFiManager no WEMOS.

Defina o *broker* e o ID.

```
#define broker  "broker.mqtt-dashboard.com"
#define ID_MQTT  "ID_altsyn"
// Escolha o nome de um identificador diferente para você
```

No *void setup* deve ser primeiro criado o objeto para acessar a biblioteca WiFiManager.h (o qual será nomeado de *projetowifi*) e depois será criado o nome do ponto de acesso do dispositivo através da função *.autoConnect( )* (o qual será nomeado de *Curso Altsyn*).

```
WiFiManager projetowifi;
wifiManager.autoConnect("Curso Altsyn");
```

Programa completo

A seguir, o programa para enviar uma mensagem para o *broker* será refeito utilizando a biblioteca WiFiManager.h( ).

```
#include <ESP8266WiFi.h>
#include <DNSServer.h>
#include <WiFiManager.h>
#include <PubSubClient.h>
WiFiClient altsynmqtt;
PubSubClient clientemqtt(altsynmqtt);
void setup() {
Serial.begin(9600);
WiFiManager altsyn;
altsyn.autoConnect("Curso Altsyn");
Serial.println("Conectado");
clientemqtt.setServer(broker,1883);
delay(500);
}
void loop ( ) {
while(!clientemqtt.connected()) {
clientemqtt.connect(ID_MQTT);
delay(500);
}
clientemqtt.publish("altsyn12344321","Olá mundo!",true);
delay(500);
}
```

Após carregar o programa no WEMOS, nas conexões disponíveis do seu celular ou do seu computador, deverá aparecer o ponto de acesso criado.

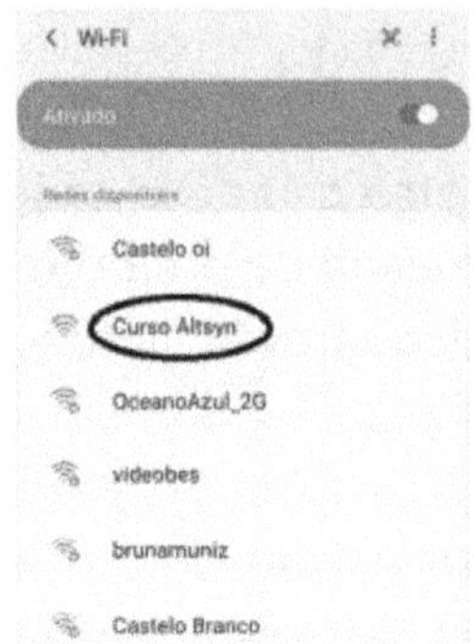

Figura 156: Configurando uma rede no WiFiManager

Clique nele para acessá-lo.

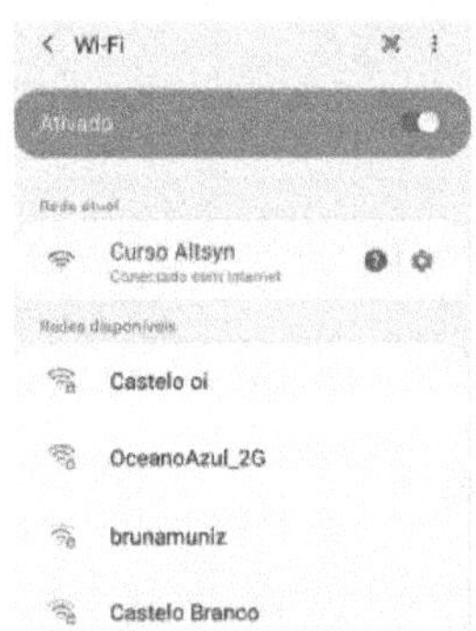

Figura 157: Configurando uma rede no WiFiManager

Após isso, digite no *browser* do seu computador, ou do seu celular, o número de IP 192.168.4.1.

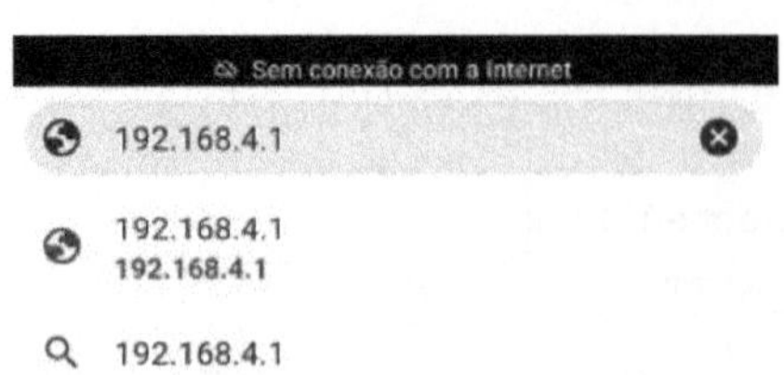

Figura 158: Configurando uma rede no WiFiManager

Aparecerá a seguinte página para conexão com o nome dado ao ponto de acesso.

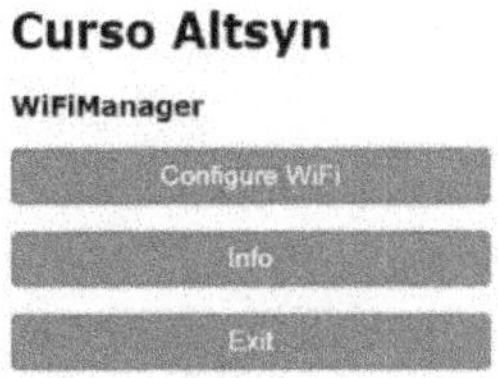

Figura 159: Configurando uma rede no WiFiManager

Clique em *Configure wifi* e abrirá uma página com todos os *wi-fis* próximos.

Figura 160: Configurando uma rede no WiFiManager

Agora é só clicar no ponto de acesso, colocar o *login* e a senha que o seu WEMOS se conectará automaticamente àquele ponto.

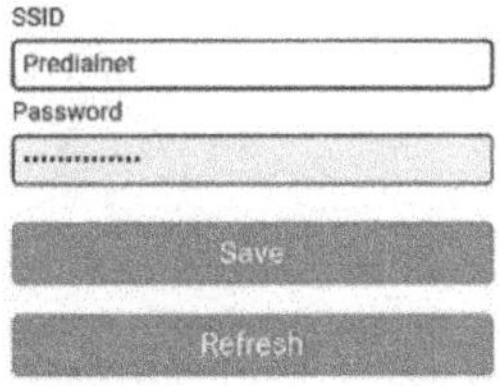

Figura 161: Configurando uma rede no WiFiManager

Ih! Não funcionou!

Uma situação muito comum de acontecer é o ponto de acesso do *wi-fi* não aparecer entre as conexões disponíveis no seu computador. Muitas vezes isso ocorre porque o seu WEMOS já estava conectado à internet local e, como essa informação fica gravada na sua memória, ele se conecta automaticamente, não criando o ponto. O ponto de acesso só aparecerá, então, quando o seu dispositivo não tiver mais acesso à rede *wi-fi* a qual já estava conectado anteriormente.

Conclusão

O mundo do Arduino não acaba aqui. Muito pelo contrário. Este livro é só um pequeno começo para dar os primeiros passos nesse gigantesco universo chamado **automação**. Para mais informações e para ampliar os seus recursos na área, temos uma ferramenta hoje muito poderosa chamada internet. O material que você consegue no mundo virtual sobre Arduino é sem fim. Existem vários excelentes sites, fóruns e vídeos onde você certamente irá encontrar muita informação sobre o assunto. Aconselhamos a sempre recorrer ao site oficial do próprio Arduino, <www.arduino.cc>, para dúvidas sobre alguma instrução ou recurso da placa, e ao site do GitHub, <www.github.com>, rico em bibliotecas zipadas para baixar. E, é claro, convidamos você a conhecer o nosso **CURSO ALTSYN** pelo nosso site <www.cursoaltsyn.com>, a nos seguir no nosso Instagram @cursoaltsyn e a nos fazer uma visita pessoalmente na rua Washington Luiz, nº 9, sala 403, no centro do Rio de Janeiro, para conhecer as nossas instalações. Esperamos que tenha gostado do livro e que, em breve, tenha uma oportunidade de vir estudar conosco e ampliar o seu conhecimento.

Referências bibliográficas

ALECRIM, E. Bluetooth: o que é, como funciona e versões. **Infowester**, 31 out. 2021. Disponível em: <https://www.infowester.com/bluetooth.php>.

ALLDATASHEET. *HC-SR04 Datasheet*. Disponível em: <https://html.alldatasheet.com/html-pdf/1132203/ETC2/HC-SR04/347/3/HC-SR04.html>. Acesso em: 12 out. 2022.

ALLDATASHEET. *L9110S Datasheet*. Disponível em: <https://pdf1.alldatasheet.com/datasheet-pdf/view/1133008/ETC2/L9110S.html>. Acesso em: 12 out. 2022.

ALMEIDA, D. EEPROM – Armazenando dados na memória não volátil do Arduino. *Vida de Silício*, 04 dez. 2017. Disponível em: <https://portal.vidadesilicio.com.br/memoria-nao-volatil-arduino-eeprom/>. Acesso em: 13 out. 2022.

ARDUINOCC. *Documentação de Referência da Linguagem Arduino.* Disponível em: <https://www.arduino.cc/reference/pt/>. Acesso em: 07 out. 2022.

AZURE. *O que é nuvem?* Disponível em: <https://azure.microsoft.com/pt-br/overview/what-is-the-cloud/>. Acesso em: 13 out. 2022.

BARROS, M. MQTT – Protocolos para IOT. *Embarcados*, 15 jun. 2015. Disponível em: <https://www.embarcados.com.br/mqtt-protocolos-para-iot/>. Acesso em: 13 out. 2022.

CAMARA, R. *Protocolo I2C*. 2013. Disponível em: <http://www.univasf.edu.br/~romulo.camara/novo/wp-content/uploads/2013/11/Barramento-e-Protocolo-I2C.pdf>. Acesso em: 12 out. 2022.

COSTA, M. B. O que é DNS? | Trocá-lo pode ser a solução. *Canal Tech*, 29 jun. 2022. Disponível em: <https://canaltech.com.br/internet/o-que-e-dns/>

CURVELLO, A. Apresentando o módulo ESP8266. *Embarcados*, 29 abr. 2015. Disponível em: <https://www.embarcados.com.br/modulo-esp8266/>. Acesso em: 13 out. 2022.

FERREIRA, E. A. Aplicação da Plataforma Arduíno para a Determinação de Parâmetros Atmosféricos e Ambientais. *In*: 15º Congresso Nacional de Iniciação Científica (CONIC SEMESP), 2015. *Anais...* Disponível em: <http://conic-semesp.org.br/anais/files/2015/trabalho-1000020063.pdf>. Acesso em: 12 out. 2022.

FILIPEFLOP. *Sensor de Obstáculo Infravermelho IR.* Disponível em: <https://www.filipeflop.com/produto/sensor-de-obstaculo-infravermelho-ir/#tab-description>. Acesso em: 07 out. 2022.

HIRZEL, T. Basics of PWM (Pulse Width Modulation). *Arduino.cc,* May 10, 2022. Disponível em: <https://docs.arduino.cc/learn/microcontrollers/analog-output>. Acesso em: 13 out. 2022.

IF-SC. *Aula 7 – Microcontroladores – Eng.* Última atualização: 07 jul. 2021. Disponível em: <https://wiki.ifsc.edu.br/mediawiki/index.php/AULA_7_-_Microcontroladores_-_Eng>. Acesso em: 12 out. 2022.

KOYANAGI, F. ESP8266 e ESP32 com WiFiManager. *Fernando K Tecnologia,* 16 mar. 2018. Disponível em: <https://www.fernandok.com/2018/03/esp8266-e-esp32-com-wifimanager.html>. Acesso em: 13 out. 2022.

MACORATTI, J. C. O que significa orientação a objetos? Macoratti.net, s.d. Disponível em: <https://www.macoratti.net/oo_conc2.htm#:~:text=%22O%20termo%20orienta%C3%A7%C3%A3o%20a%20objetos,opera%C3%A7%C3%B5es%20que%20manipulam%20estes%20dados>. Acesso em: 12 out. 2022.

MARQUES, D. Ultrassom. *Brasil Escola,* s.d. Disponível em: <https://brasilescola.uol.com.br/fisica/ultrassom.htm>. Acesso em: 12 out. 2022.

MAURICIO. Ponte H. *Zaap*, 20 maio 2013. Disponível em: <http://mmc-zaap.blogspot.com/2013/05/ponte-h.html>. Acesso em: 12 out. 2022.

MENDONÇA, H. S. *UART*. 2021. Disponível em: <https://paginas.fe.up.pt/~hsm/docencia/comp/uart/>. Acesso em: 13 out. 2022.

MIFARE. *Linha MIFARE Classic.* Disponível em: <https://www.mifare.net/pt/products/ics-de-cartoes-com-chip/linha-mifare-classic/>. Acesso em: 12 out. 2022.

ORLANDI, C. Firebase: serviços, vantagens, quando utilizar e integrações. *Blog Rocketseat*, 25 dez. 2018. Disponível em: <https://blog.rocketseat.com.br/firebase/>. Acesso em: 13 out. 2022.

PINHEIRO, A. P. *Comunicação SPI*. Curso de Engenharia Eletrônica e de Telecomunicações, Universidade Federal de Uberlândia, s.d. Disponível em: <http://www.alan.eng.br/grad/microprocessadores/pratica8_spi.pdf>. Acesso em: 12 out. 2022.

SANTOS, B. P. *Internet das coisas:* da teoria à prática. Minicursos. SBRC –Simpósio Brasileiro de Redes de Computadores e Sistemas Distribuidos, 2016.

SARAVATI. **Teclado Matricial de Membrana 16 Teclas.** Disponível em: <https://www.saravati.com.br/teclado-matricial-de-membrana-16-teclas.html>. Acesso em: 10 abr. 2023.

TOCCI, R. J.; WIDMER, N. S.; MOSS, L. *Multiplexadores (seletores de dados) Sistemas digitais*: princípios e aplicações.11. ed. São Paulo: Pearson, 2011.